Günter Schlamp

Die Schulbibliothek im Zentrum

Erfahrungen, Berichte, Visionen

Günter Schlamp

Die Schulbibliothek im Zentrum

Erfahrungen, Berichte, Visionen

Mit Beiträgen von
Hans Günther Brée
Susanne Drauz/Jürgen Plieninger
Markus Fritz
Buffy J. Hamilton
Eric Oatman

BibSpider

ISBN 978-3-936960-51-8

Bibliografische Information der Deutschen Bibliothek
Die Deutsche Bibliothek verzeichnet diese Publikation
in der Deutschen Nationalbibliografie

BibSpider
Networking for Information Sciences
Niederwallstr. 13
10117 Berlin
Deutschland
www.bibspider.de

Satz und Layout: Julia Swiersy, Berlin
Umschlaggestaltung: Heidi Sorg & Christof Leistl,
München • www. leistls.org

Vorbemerkung

Die Schulbibliothek sollte (wieder) ein pädagogisches Thema werden. Zu sehr dominiert seit Jahrzehnten der bibliothekarische Blick, der sie als Sonder- oder Unterform einer Stadtbibliothek sieht. Sie sollte das Medienzentrum für Lehrer und Schüler sein, ein erweitertes Klassenzimmer. In ihr sollte Unterricht stattfinden, denn auch hier wird gefragt, untersucht, nachgedacht und diskutiert.

Das vorliegende Buch soll Lust machen auf Schulbibliotheken, es soll anregen und Anstöße geben. Es ist kein Fachbuch für den sofortigen Aufbau einer Schulbibliothek. (Dazu gibt es aber im Anhang Tipps und Tricks.) Es will Perspektiven aufzeigen, die Vision einer Schulbibliothek von morgen entwerfen. Es ist aus der Sicht eines Lehrers und Schulleiters geschrieben für Schulaufsichtsbeamte, Schulleiter und Lehrerkollegen, für Schulverwaltungsfachleute, Bildungspolitiker und Elternbeiträte – vor allem auch für Bibliothekare, die Schulbibliotheken unterstützen wollen.

Ich danke den Autoren, die diesen Band mit ihren Beiträgen bereichern. Sie akzentuieren und werten unterschiedlich. Das kann eine Diskussion über Schulbibliotheken beleben.

Ebenfalls danke ich der Landesarbeitsgemeinschaft Schulbibliotheken in Hessen e. V., die den Druck ermöglichte.

Frau Annette Pagel danke ich für die kritische Durchsicht der Texte und für unsere anregenden Gespräche.

Günter Schlamp

Inhalt

Zum Autor:

Beruflicher Hintergrund

- Lehrer mit den Fächern Deutsch, Geschichte, Politik, Geographie in Förderstufen-, Hauptschul-, Realschul- und Gymnasialklassen
- Ausbildungsleiter an einem Studienseminar für Grund-, Haupt-, Real- und Sonderschullehrer/-innen für die Fächer Geschichte und Sozialkunde
- Mitarbeiter im Hessischen Institut für Lehrerfortbildung mit der Zuständigkeit für den Arbeitsbereich „Schulbibliotheken" und Mitglied des Leitungsteams in Wochenlehrgängen zu Leseförderung und Schulbibliotheken
- Mitarbeiter im Hessischen Institut für Bildungsplanung und Schulentwicklung für das (später so genannte) Projekt „Kulturmobil" – mobile Lehrerfortbildung in einem Sattelschlepper
- Mitarbeiter in einem Schulamt, zuständig für Regionale Schulaufsicht, Förderschulüberprüfungen und Aufsicht über Privatschulen
- Fachberater für Schulbibliotheken beim Hessischen Kultusministerium
- Direktor einer Gesamtschule

Engagement für das Lesen und die Schulbibliotheken

Den Alltag in Schulbibliotheken kenne ich aus drei Schulbibliotheken, die ich ins Leben gerufen oder weiter entwickelt habe. Daneben habe ich Schulen bei der Gründung ihrer Bibliotheken unterstützt.

Als Mitarbeiter in der Lehrerfortbildung, als Ausbildungsleiter in der Referendarausbildung und als Lehrgangsleiter in der Lehrerfortbildung habe ich versucht, in einer Vielzahl von Veranstaltungen den außerordentlichen Beitrag der Schulbibliothek zum Gelingen von Schule und Unterricht deutlich werden zu lassen.

Folgende größere Vorhaben konnte ich, meist zusammen mit Kolleginnen und Kollegen, insbesondere mit Hans Günther Brée, verwirklichen:

- „Die hessischen Bücherschränkchen", ein Leseförderprojekt mit Kinder- und Jugendsachbüchern in ausleihbaren Holzkisten
- „Der Hessische Schulbibliothekstag", ein zweijährlicher Fortbildungskongress
- „Städtische Leseförderung Schwalbach"
- Lehrerfortbildung im „Kulturmobil"
- Modellversuch „Unterricht in der Bibliothek"
- Digitale Informationsdienste für hessische Schulbibliotheken: Homepage, Mailing List, Newsletter, Weblog

Das Leseförderprojekt „Bibliothek in der Kiste" hat über 50.000 Schüler/-innen erreicht. Die Literaturlisten des Projekts sind mehrere tausend Mal im Internet aufgerufen worden.

Am Hessischen Schulbibliothekstag nehmen seit zwei Jahrzehnten jeweils etwa dreihundert Teilnehmer/-innen teil. Sie können zwischen mehr als 30 Workshops und Seminaren wählen.

Ich war Mitgründer und langjähriger Vorsitzender der Landesarbeitsgemeinschaft Schulbibliotheken in Hessen e. V., die als unabhängige Non-Government-Organisation zum Gesprächspartner des Hessischen Kultusministeriums wurde.

Meine Initiative zur Gründung der Arbeitsgemeinschaft der Schulbibliotheken in Berlin und Brandenburg (AGSBB) fand ein erfreuliches Echo. In der Arbeitsgemeinschaft habe ich die „Berlin-Brandenburger Schulbibliothekstage" und den Preis „Schulbibliothek des Jahres" angeregt und mitorganisiert.

Mehrere Jahre war ich Mitarbeiter in der Südtiroler Schulbibliothekslehrerausbildung und war dort auch Mitglied im Prüfungskolloquium. Als Referent zu schulbibliotheksrelevanten Themen war ich innerhalb Deutschlands, in Italien, Österreich, der Schweiz, in Nahost und Lateinamerika tätig.

Beim Konzept „Multimediale Schulbibliotheken" im Österreichischen Unterrichtsministerium konnte ich beratend mitwirken.

Ich war zeitweise Mitglied bzw. Gast der Kommission „Schulbibliotheken" im (ehemaligen) Deutschen Bibliotheksinstitut.

Ein „Gutachten zur Entwicklung des hessischen Schulbibliothekswesens" durch eine Arbeitsgruppe des Hessischen Kultusministeriums hatte ich angeregt und daran mitgearbeitet.

Seit Ende der 80er Jahre setze ich mich insbesondere mit dem Lernen in Schulbibliotheken auseinander. Daraus wurde der Schwerpunkt „Lernen in multimedialen Schulbibliotheken". Unterrichtspraktische Vorschläge dazu (Recherchemodelle, Arbeitsblätter) haben Eingang in Handreichungen für Südtiroler Schulbibliotheken gefunden.

Mit meiner publizistischen Tätigkeit will ich das Thema der Öffentlichkeit, vor allem aber den Entscheidungsträger/-innen in der Bildungspolitik und der Lehrerschaft nahe bringen.

I. Wie ich Schulbibliotheksfan wurde

Erfahrungen und Überlegungen

Wie oft bin ich als Lehrer wie ein Packesel von Klassenraum zu Klassenraum gelaufen und trug einen Karton mit Jugendbüchern oder Lexika unterm Arm, eine Landkarte in der Hand, einen Overheadprojektor auf der Schulter und irgendwo war auch noch Platz für den Kassettenrecorder.

Damit eine Klasse in Gruppen arbeiten konnte und man sich gegenseitig im Klassenzimmer nicht störte, hatte ich, feuerpolizeiliche Vorschriften missachtend, einen Tisch in den Flur stellen lassen. Wenn ich Gruppentische im Klassenraum aufbaute, wurde es sehr eng und laut. Deswegen erlaubte ich, Aufsichtsvorschriften missachtend, dass die Schüler sich im Gebäude Arbeitsplätze suchten, z. B. in der Cafeteria oder in einer Sitzecke im Eingangsbereich der Schule.

Auch das Zusammenstellen von Handapparaten für meinen Unterricht erwies sich immer wieder als äußerst schwierig. Die Stadtbibliothek konnte nicht 30 Exemplare eines Titels zu einem Lehrplanthema zur Verfügung stellen, die für die jeweilige Altersstufe verständlich und halbwegs aktuell waren.

Im gleichen Maße wie der Unmut über diese Zustände wuchs in mir die Vorstellung einer möglichen Alternative, der Schulbibliothek, die hier Abhilfe schaffen könnte. Ich begriff, dass es in der Schule Räume geben müsste, die anders gestaltet und ausgestattet sein müssten als Klassenräume. So wie es den Chemieraum und den Physikraum gibt, die Schulküche und die Schulturnhalle, so sollte es auch einen Raum geben, in dem das schon vorhanden war, was ich mir bisher selbst organisieren musste:

- Plätze für Einzelarbeit und für Gruppenarbeit
- einen größeren Platz für Vorträge und Präsentationen von Arbeitsergebnissen
- ein Podium für literarische Inszenierungen und Lesungen
- eine Werkstatt für die Produktion von Podcasts oder Videoclips

- Geräte wie Flipchart und Laptops (zukünftig wohl Tablets und Smartboard[1])
- Rollcontainer mit Scheren, Stiften, Locher, Lineal, Kleber, Reißzwecken und viel Papier.

Diese Räume gab und gibt es bisher nicht oder nur vereinzelt. Manches Mal sind sie mit ausrangierten Möbeln und Computern und mit gespendeten Büchern ausgestattet. Wie sollten diese Räume heißen?

- Schulbibliothek?
- Mediathek/Mediothek?
- Medienzentrum?
- Informationszentrum?
- Wissenszentrum?
- Kommunikationszentrum?
- Selbstlernzentrum?
- Lernwerkstatt?
- Leseinsel?
- Lernatelier?
- Zivilisationszentrum?[2]

Es ist nicht auszuschließen, dass die Vielfalt der Bezeichnungen zur Aufsplitterung des Schulbibliothekswesens beiträgt. Wer von Leseinsel redet, meint Leseförderung. Mediathek signalisiert, dass es vor allem um audiovisuelle und digitale Medien gehen soll, auch beim Medienzentrum denkt man an Filme oder DVDs. Die Lernwerkstatt hat ihre eigene Entstehungsgeschichte. In ihr geht es um „learning by doing“. Ein Informationszentrum erinnert an den Info-Point im Hauptbahnhof – gemeint ist wohl die Studienbibliothek für die Oberstufe. Die Bezeichnung Schulbibliothek wird dominiert vom Wortteil „-bibliothek“. Bibliothekare aber definieren die Schulbibliothek als Unter- oder Sonderform der öffentlichen Bibliothek, also nach rein bibliothekarischen Kriterien[3].

---

1 Siehe Glossar und Link 17 „Smartboard“

2 Die Jugendbuchautorin Iva Procházková beschreibt in ihrem Zukunftsroman „Eulengesang“ (1995) die Bibliothek einer Schule im Jahr 2046. Sie nennt sie Zivilisationszentrum.

3 „Die Schulbibliothek fungiert quasi als Zweigstelle mit Sondernutzung“: Modelle schulbibliothekarischer Versorgung, erarbeitet von der Expertengruppe „Bibliothek und Schule“ des Deutschen Bibliotheksverbandes, Red. Klaus Dahm, 30.9.2004, (S. 7): http://

Vielleicht kommt es auch deswegen zu dieser Vielfalt der Bezeichnungen, damit die semantische Nähe zur herkömmlichen Bibliothek vermieden wird.

Der Name ist jedoch nicht das Wichtigste, aber es wäre hilfreich, wenn es für Bildungspolitik, Schulverwaltung, Schule und nicht zuletzt für die Öffentlichkeit einen verbindlichen Terminus gäbe.

Ich werde hier weiterhin den Begriff Schulbibliothek verwenden und beschreiben, was ich darunter verstehe. Wenn die Schulbibliothek erst in den Schulalltag und den Unterricht eingebettet sein wird, erhält das Wort eine veränderte Bedeutung. Vielleicht wird noch ein passenderer Name gefunden werden, mit dem wir dann eher „Schule" assoziieren als „Bibliothek".

Pädagogische Leitlinien

Ich habe mich meinem Thema genähert, indem ich von vergangenen Mühen bei Unterrichtsvorbereitungen und -durchführungen berichtete. Zum Thema gehört für mich auch, mein Verständnis von – gutem – Unterricht und guten Unterrichtsmethoden offenzulegen.

Eine Unterrichtsstunde ist dann gut, wenn es dem Lehrer gelingt, einen Lernprozess anzustoßen und zu steuern, der alle Schüler einbezieht und auf individuelle Unterschiede Rücksicht nimmt. Die Schüler arbeiten miteinander. Die Unterrichtsstunde besteht aus aufeinander aufbauenden Lernschritten. Der Lehrer versucht, differenziert auf die schneller und die langsamer Lernenden einzugehen. Das gilt für die Planung, aber auch für den Unterrichtverlauf. Er muss die Schüler im Auge behalten, die Sache, um die es geht, und die Zeit. In der Unterrichtsvorbereitung hat er den Lehrstoff analysiert und Lernziele formuliert.[4] Manchmal muss er im

---

www.bibliotheksverband.de/fileadmin/user_upload/Kommissionen/Kom_BibSchu/Publikationen/2004-09-30_schulbibliothek.pdf

4 Ich verwende mit Bedacht nicht die momentan beliebte Terminologie. Ob der Begriff „kompetenzorientierter Unterricht" ebenso kurzlebig sein wird wie „Transformationsgrammatik" oder „Mengenlehre", ist noch offen. Operationalisierte, also für die einzelne Unterrichtsstunde anwendbar gemachte Bildungsstandards lesen sich immerhin wie herkömmliche Lern- und Wissensziele. Vgl. Gruschka [2011 – S. 60ff.]

Unterricht sofort reagieren und einen alternativen Ablauf wählen. In der Staatsprüfung wird sogar verlangt, dass der Lehrer im Vorbereitungsdienst alternative Lernschritte einplant und erkennt, wann und warum sie nötig sein könnten.

Vor allem aber muss ein guter Lehrer „Beziehungsarbeit" leisten: Das Unterrichtsgespräch strukturieren, die Konzentration auf die Sache fördern, alle Schülerinnen und Schüler einbeziehen, auffordern, fragen, den Austausch untereinander ermöglichen, individuelle Rückmeldung geben. Er kennt das Vorwissen und die Voreinstellungen der Schüler/-innen.

Auf Grund seines fachspezifischen Wissens muss er in der Lage sein, das Besondere des Lehrstoffs erkennbar zu machen, komplexe Sachverhalte zu vereinfachen und zwar so, dass grundlegende Einsichten möglich sind: Am Beispiel erkennen, was typisch für die Sache ist. Wer geprägt ist von Wolfgang Klafkis „Kategorialer Bildung" und auf der Suche ist nach dem Elementaren, dem Exemplarischen oder dem Fundamentalen des Lehrstoffs, wird ausufernden, detaillierten Unterrichtseinheiten mit vielfachen Arbeitsblättern nichts abgewinnen können.[5] Auch das Herausfiltern von zuverlässigen Inhalten aus Trefferlisten der Suchmaschinen sollte keinesfalls mehr Zeit in Anspruch nehmen als das Nachdenken und Sprechen über das Gefundene.

Jeder Lehrer ist gezwungen, wenigstens einmal im Leben Unterricht perfekt zu planen und durchzuführen, also die Kunst des Lehrens zu zelebrieren. Notwendig ist das in der Staatsprüfung. Im Berufsalltag wird er es allein aus zeitlichen Gründen nicht mehr einhalten können. Man kann nicht jede Woche 20-30 Unterrichtsstunden mit mehrstündigem Vorbereitungsaufwand planen.

In meinem Berufsleben war es mir nur wenige Male vergönnt zu erleben, wie in einem klar strukturierten, didaktisch reduzierten und anschaulichen Unterricht „die Köpfe rauchten", Schülern „ein Licht aufging", hitzig diskutiert und ein Bezug zu einem ganz anderen Thema hergestellt wurde. Und schließlich waren alle überrascht, dass die Stunde schon zu Ende war.

---

5 Klafki [1964] hat das Konzept später weiter entwickelt und modifiziert.

Für guten Unterricht ist nach meiner Erfahrung die effektivste Lehrmethode ein darbietender Unterricht. In Abwandlung eines berühmten Satzes könnte man sagen: „It's the teacher, stupid!“ auf den Lehrer kommt es an. Frontalunterricht ist inzwischen leider ein abwertender Begriff. Dabei gibt es einen intelligenten Frontalunterricht,

- der fachlich orientiert und kognitiv aktivierend ist, also die Schüler zum Mitdenken veranlasst
- die zur Verfügung stehende Zeit effektiv nutzt
- der anspruchsvolle, aber zu bewältigende Lernaufgaben stellt und individuelles Feedback gibt
- in dem für förderliches Klassenklima und gutes Unterrichtsmanagement gesorgt wird.[6]

Lernpsychologisch begründetes rezeptives, darbietendes Lernen, wie es David P. Ausubel beschrieben hat, ist keinesfalls antiquiert. Dies ist im Übrigen auch die zutreffendere Bezeichnung, nicht Frontalunterricht. Unterricht, in dem ein Lehrer möglichst effektiv Schülern etwas beibringt, ist für langsamer lernende und durchschnittlich begabte Schülerinnen und Schüler erfolgversprechender als jede andere Methode.[7]

---

6 Der neuseeländische Professor John Hattie [2008] hat in einer Analyse achthundert Mega-Studien ausgewertet, die wiederum ca. 50.000 Einzelstudien umfassen: „Visible Learning“. 15 Jahre hat er daran gearbeitet, die Wirksamkeit von Einflussfaktoren auf Unterricht mit statistischen Methoden zu erfassen und zu vergleichen. Er isoliert 138 Faktoren, von denen er 66 als effektiv erkennt. Es sind nicht kleine Klassen, offener, jahrgangsübergreifender, entdeckender Unterricht oder team-teaching, sondern Einflussgrößen, die überwiegend vom Lehrer und seinen Lehr-Lern-Arrangements ausgehen. Die vier genannten Punkte sind die wichtigsten.

7 Empfehlenswerte Literatur zu „intelligentem“ Frontalunterricht: David P. Ausubel, Die Psychologie des Unterrichts, Weinheim ^{2}1980. Jochen und Monika Grell wenden Ausubels Lernpsychologie in ihrem „Direkten Unterricht“ an. Ihr Buch trägt den ironisch gemeinten Titel „Unterrichtsrezepte“: Grell [1983]. Siehe auch Brophy [1976]. Da das Buch vergriffen ist: Die Übersetzung eines ähnlichen Textes von Prof. Brophy mit dem Titel „Gelingensbedingungen von Lernprozessen“ durch den Leistungskurs Erziehungswissenschaft 13/1 am Conrad-von-Soest-Gymnasium, Soest, Landesinstitut für Schule und Weiterbildung 2002, ist im Internet abrufbar: http://www.member.uni-oldenburg.de/hilbert.meyer/download/brophy.pdf, [2010]. Eine aktuelle Studie zur Überlegenheit des Frontalunterrichts liefert Schwerdt [2011]: Zwei deutsche Bildungsökonomen haben Lehrerangaben über ihren naturwissenschaftlich-mathematischen Unterricht in Beziehung zu Leistungen ihrer Schüler in der TIMMS-Studie gesetzt und kommen zu dem Ergebnis, dass schon 10% mehr darbietender Unterricht zu besseren Leistungen führe.

Das bedeutet nicht, dass entdeckendes, offeneres oder selbstgesteuertes Lernen keinen Ort in der Schule haben darf. Solche Phasen muss es geben, vorbereitet und begleitet vom Lehrer. Gute Lehrer praktizieren einen Methodenmix. Unterricht ist keine Monokultur.

Zu meinem Verständnis von gutem Unterricht gehören auch die Schulbibliothekare, mit denen Lehrer ihre Unterrichtsvorhaben planen und durchführen können.

Erste Forderungen

Nach diesen Überlegungen zu „gutem Unterricht" möchte ich im Folgenden meine ersten Forderungen zu Schulbibliotheken formulieren:

- Die Schulbibliothek muss von Schule und Unterricht her gedacht werden
- Sie soll die Weiterentwicklung des Klassenzimmers sein
- Die Schulbibliothekare sollten zu gutem Unterricht beitragen
- Die Schulbibliothek sollte Dienstleistungszentrum für Lehrerinnen und Lehrer, die Schulleitung und die Lernenden sein

Wenn man diese Punkte als Prüfelemente für bereits bestehende Schulbibliotheken anwendet, schneiden nur wenige gut ab. Anders als Universitätsbibliotheken, Parlaments- oder Gerichtsbibliotheken werden Schulbibliotheken nicht als Teil und als Dienstleister ihrer Institution gesehen, sondern treten als eigenständige Institution auf. Die Bibliothekare öffentlicher Bibliotheken übertragen häufig die Vorstellungen ihrer bibliothekarischen Institution auf die Einrichtung „Schulbibliothek". Was Lehrer und Schüler aber von ihrer Schulbibliothek erwarten und benötigen, welche Rolle die Schulbibliothek im jeweiligen konkreten Schulkontext spielen sollte, wird wenig oder gar nicht berücksichtigt.[8]

---

8 Ein Beispiel für die neue Qualität der Unterstützung durch öffentliche Bibliotheken gibt aber die schulbibliothekarische Arbeitsstelle der Stadtbibliothek Frankfurt am Main. Siehe Link 12 „Schulbibliothekarische Arbeitsstelle".

Erfreulicherweise hat in den letzten Jahren ein Veränderungsprozess begonnen: Viele Bibliothekare arbeiten inzwischen mit Lehrern und Eltern in Schulbibliotheken zusammen. Bibliothekare fragen in den Schulen nach Lehrplänen und Schulprogrammen und nach den Erwartungen des Kollegiums an eine Schulbibliothek.

In einer britischen Untersuchung[9] gaben Lehrer Auskunft über ihre Nutzung der Schulbibliotheken. Ich zitiere hier vier charakteristische Lehrerkommentare:

1. In der Schulbibliothek erhalten die Schüler ein gutes Buch, das sie in den Ferien oder nach dem Erledigen der Hausaufgaben lesen können.
2. Da kann man eine Schülerin hinschicken, wenn sie eine Frage hat.
3. Da geh´ ich mit meiner Klasse hin, wenn ich zusätzliche Quellen brauche.
4. Für meinen Unterricht ist die Schulbibliothek unverzichtbar.

Diese Untersuchung zeigt auf, dass auch die beste und schönste Schulbibliothek außen vor bleibt, wenn die Lehrerinnen und Lehrer nichts mit ihr anzufangen wissen.

Während meiner Tätigkeit als Lehrer wurde ich zum Schulbibliotheks-Anhänger. Später, als Schulleiter, konnte ich dank der Vorerfahrungen vieles bewirken, was mir in der Rolle des Fachlehrers und Fachvorstehers nicht möglich gewesen war. Deshalb sehe ich in den Schulleiter/-innen Schlüsselfiguren der Schulbibliotheksentwicklung. Josef Kraus, Leiter eines Gymnasiums und Präsident des Deutschen Lehrerverbandes (DL) sagt:

> „Eine Schulbücherei sollte mit einem breiten Sortiment sowohl an Belletristik als auch an interessanten Sachbüchern Kinder aller Altersstufen und Interessen locken können. Autorenlesungen, Lesezirkel, Lesetagebücher, Lesepatenschaften – das alles kann dann zusätzlich die Lesefreude der Schülerinnen und Schüler wecken. Wichtig sind aber nicht nur die angebotenen Bücher, sondern auch Räumlichkeiten, die einen angenehmen Aufenthaltsort auch nach dem Unterricht oder in Freistunden bieten. Gerade in Zeiten des

9 Steatfield [1994].

Ausbaus der Ganztagsschulen sollte eine gut sortierte Schulbibliothek eine Selbstverständlichkeit sein. Doch eine Schulbibliothek mit vielen Büchern und ausreichendem Personal ist nicht zum Nulltarif zu haben. Dass sich entsprechende Investitionen aber lohnen, zeigt ein Blick in Länder, in denen bereits eine etablierte Schulbibliothekskultur vorhanden ist – zum Beispiel in Südtirol. Ein gezieltes Förderprogramm für Schulbibliotheken würde sicherlich auch zu einem Ansteigen der Lesefreude und damit der Lesekompetenz der deutschen Schülerinnen und Schüler führen. Den Nutzen hätten die jungen Leute in allen Schulfächern und Lebensbereichen."[10]

Bevor ich mein Bild der Schulbibliothek von morgen entwerfe, dabei auch auf Aufsätze von Experten verweise und von Projekten aus aller Welt berichte, möchte ich einen Überblick über das Schulbibliothekswesen in Deutschland geben.

10 Link 09 „Lehrerverband fordert Schulbibliotheken"

II. Zur Entwicklung und zum Stand der Schulbibliotheken in Deutschland

Warum es in Deutschland keine Schulbibliothekskultur gibt[11]

In Sachen Schulbibliotheken ist Deutschland ein Notstandsgebiet – Schulbibliotheken sind in deutschen Schulen nicht obligatorisch.[12]

Es gibt eine Reihe von Gründen dafür, dass Schulbibliotheken hierzulande keine große Rolle (mehr) spielen:

- **Deutschland hat gute Lehrbücher.** Sie enthalten den Lehrstoff didaktisch portioniert und mit Arbeitsaufgaben versehen. (In manchen Staaten, wie z. B. den USA gibt es vor allem Quellenhefte zu einzelnen Themen.) Ein deutscher Lehrer braucht im Grunde keine anderen Bücher als das Schulbuch, sagen Bibliothekare mit Recht. Dass Unterricht mit den didaktisch aufbereiteten Schulbüchern einfacher ist als mit „richtigen" Büchern der Bibliothek, hat Heinrich Wolgast schon 1905 in „Das Elend unserer Jugendliteratur" beschrieben. Eine große Bibliothek ist nicht für jeden Lehrer ein Paradies, für manchen ist sie eher ein verwirrender Dschungel.

---

11 Dieses Kapitel erhebt keinen Anspruch auf vollständige Darstellung des deutschen Schulbibliothekswesens, sondern versucht, den Ursachen des Missstandes auf die Spur zu kommen.

12 Es gibt keine zuverlässige Schulbibliotheksstatistik. So sinnvoll eine Zählung auch sein mag, an der hier beschriebenen Misere würde eine exakte Zahl nichts ändern. Von den ca. 33.000 allgemein bildenden öffentlichen Schulen verfügen nach meiner Schätzung etwas weniger als die Hälfte, also ca. 15.000, über eine Bibliothek. Die Unterschiede sind groß. Es reicht von einer Ausleihbücherei im Keller, die zweimal wöchentlich in der großen Pause geöffnet ist, bis zum multimedialen Informationszentrum (Vgl. Schlamp, Günter: Im Keller oder unterm Dach. Kuriose Erfahrungen mit Bibliotheksräumen in Schulen. Ein Reisebericht, in: schul-management 4/1997, der keineswegs überholt ist). Häufiger gibt es Schulbibliotheken in den ca. 5.400 privaten Schulen, z. B. kirchlichen Schulen, International Schools und auch in den wenig bekannten Schulen für Mitarbeiter/-innen in Institutionen der Europäischen Union. Die beiden letztgenannten haben i. d. R. ausgezeichnete Bibliotheken mit hauptamtlichen Schulbibliothekaren, mit Computer-Support, multimedialer Ausstattung und einem curricularen Auftrag als Lese- und Wissenszentrum der Schule.

- **Lehrer haben zu viel Stoff zu vermitteln und zu wenig Vorbereitungszeit.** Eine Schulklasse an fächerübergreifenden Fragestellungen arbeiten zu lassen, eine vertiefte Auseinandersetzung mit einem Thema anzustoßen, Ergebnisse darstellen und vortragen zu lassen, ist (zeit-) aufwändig. Dies wird zwar in der Lehrerausbildung geübt, ist aber in der späteren Praxis schwer zu realisieren. Wer 24, 26, in Grundschulen bis zu 30 Wochenstunden unterrichten muss, wird das Lehrbuch oder Arbeitsheft dem Unterricht in der Bibliothek vorziehen.

- Es wurden und werden zwar hohe Geldsummen in die **Computerausstattung der Schulen** gesteckt, da aber Schulbibliotheken nicht mit neuen Medien in Verbindung gebracht werden, profitieren sie selten von digitalen Geräten und Software. Computer gelten als modern, die Schulbibliothek hingegen scheint der Vergangenheit anzugehören.

- Die Veränderungen im deutschen Schulwesen zielen auf **Verkürzung der Schulzeit, Verdichtung des Lehrstoffs und standardisierte Leistungsmessung.** Stichworte sind z. B. „Vorverlegung der Einschulung" und „Turbogymnasium". Hinzu kommt der Ausblick auf ein verschultes und zeitlich eng begrenztes Studium. Das deutsche Bildungssystem hat viele Baustellen, die Schulbibliothek gehört generell nicht dazu, besonders aber nicht als Lernort. Für das Lernen, wie es auch beim Recherchieren, Stöbern oder Schmökern geschieht, bleibt kaum Zeit.

- Nicht zu unterschätzen ist ein deutscher Sonderweg: Schulbibliotheken werden von Politik, Verwaltung und den Verbänden des Bibliothekswesens als **Spezialbibliothek im Netz der Stadtbibliothek** gesehen, nicht als eine pädagogische, in die Schule eingebettete Einrichtung. Die (Schul)bibliothekarin, sofern es sie gibt, gehört nicht zum Kollegium und nimmt im Normalfall nicht an den Lehrerkonferenzen teil. Pädagogisch und didaktisch ist sie meist nicht geschult. Nicht der Schulleiter ist ihr Vorgesetzter, sondern der Leiter der Stadtbibliothek. Dennoch sind die wenigen Bibliothekarinnen, die Schulbibliotheken leiten, meist bestens integriert. Aber das hängt jeweils vom persönlichen Engagement ab, es gibt keine Richtlinien, Dienstordnungen oder Programme im Sinne des weltweit verbreiteten Teacher-Librarian-Konzepts.[13]

---

13 Siehe Glossar

Trotz dieser hier genannten Gründe hat fast die Hälfte aller Schulen in den Bundesländern – nach meiner Kenntnis – einen Raum, den sie „Bibliothek“ nennt – das macht Mut. Die Bandbreite erstreckt sich allerdings von einem Raum im Keller, in dem freitags in der zweiten großen Pause Bücher ausgeliehen werden können, bis zur modernen Mediathek, deren Bestand und Ausstattung einer mittleren Stadtbibliothek entsprechen, aber schul- und fächerbezogen sind.

Die Fachverbände des Bibliothekswesens bewerten die Situation anders. Sie verweisen auf verbindliche Standards, die eine Schulbibliothek erfüllen sollte. Diese orientieren sich an öffentlichen Bibliotheken. Bei Anwendung dieser Kriterien für Personalausstattung und Größenordnung von Schulbibliotheken hätten 85-90% der Schulen keine Schulbibliothek.[14] Tausende von Schulbibliotheken, die durch das Engagement der Eltern und einzelner Lehrer ermöglicht werden und von unregelmäßigen Spenden leben, werden so zu Phantombibliotheken[15], nur weil sie nicht die Bibliotheksstandards erfüllen. Die dort Tätigen erhalten als Dank wenig mehr als ein Schulterklopfen, selten eine Urkunde für ihre ehrenamtliche Tätigkeit. Diese Bibliotheken finden keine Erwähnung, haben keine Lobby und keine Chancen auf eine Weiterentwicklung.

Zu hinterfragen wäre, ob allein bibliotheksfachliche Standards definieren können, was eine Schulbibliothek als Teil von Schule und Unterricht zu leisten hat. Die IFLA/UNESCO-Standards nennen an erster Stelle die Zahl der Ausleihen und das Vorhandensein von Diplom-Bibliothekaren und Bibliotheksassistenten sowie die Zusammenarbeit mit öffentlichen Bibliotheken. Dies sind Vorschriften aus der Sicht der Stadtbibliotheken.[16]

---

14 Z. B. auf einer der Webseiten des Deutschen Bibliotheksverbandes: http://www.bibliotheksportal.de/themen/bibliothek-und-bildung/bibliothek-und-schule/schulbibliotheken.html
Eine Folge anspruchsvoller Setzungen oder Forderungen ist auch, dass Politik und Verwaltung abgeschreckt werden.

15 Schlamp, Günter: Phantombibliotheken in Schulen. Über hessische Königs- und Holzwege zur modernen Schulbibliothek, in: schulmanagement 6/1995, pp. 26 – 31.

16 Link 06 „IFLA/UNESCO-Richtlinien für Schulbibliotheken“. IFLA ist ein internationaler Zusammenschluss von Bibliotheken, Bibliothekaren und Informationsberufen, www.ifla.org. Siehe auch Link 18 „Zusammenarbeit öffentliche Bibliothek und Schule“.

Bei der Ausschreibung der Wettbewerbe „Hessische Schulbibliothek des Jahres“ 2009 und 2011 hatten sich 50 Schulbibliotheken beworben, die alle keine IFLA-Standards erfüllten, aber alle zu den Zielen der jeweiligen Schulprogramme beitrugen.

Schulbibliotheken im föderalen System der Bundesrepublik

Zunächst möchte ich an dieser Stelle auf die Situation der Schulbibliotheken in Preußen um 1928 verweisen – damals hatte dort jede Schule eine Schulbibliothek!

Mit der Gründung der Bundesrepublik Deutschland 1949 wurde der föderale Staatsaufbau im Detail geregelt. In den sechziger und siebziger Jahren folgten – aus heutiger Sicht – folgenschwere Entscheidungen. Basierend auf dem Städtetagsgutachten von 1961 – das sich insgesamt als „Sackgasse“ (K. Kallbach) erwies – wurden die Schulbibliotheken den öffentlichen Büchereien zugeordnet. Diese sollten allerdings ihrer Verantwortung gerecht werden und, so stand es auch in dem Gutachten, Fachkräfte stellen und die Bücher ausleihfertig für die Schulbüchereien einarbeiten.[17]

Die für das Schulwesen zuständigen Bundesländer sehen heute auf Grund der Zuordnung von 1961 die Schulbibliothek als Aufgabe der Schulträger, der Landkreise und kreisfreien Städte. In den Schulgesetzen und Schulbaurichtlinien der meisten, keineswegs aller Bundesländer, wird sie erwähnt; Verordnungen und Ausführungsbestimmungen zum Umfang der Sachausstattung und des Personals gibt es aber nicht, ebenso wenig Finanzmittel aus dem Landeshaushalt.

---

17 Die „Empfehlungen zur Zusammenarbeit von Schule und öffentlicher Bücherei“ des Deutschen Städtetages von 1961 legten den Kommunen nahe, Schulbibliotheken „rationell als Teil der öffentlichen Büchereien“ zu verwalten. Es heißt darin u. a.: „Schulbüchereien sind der breite Unterbau des öffentlichen Büchereiwesens“, zit. nach Kallbach [1993 – S. 8ff.].
Das Hessische Schulgesetz sagt daher, dass nicht das Land, sondern ausschließlich die Schulträger (d. h. die Landkreise und kreisfreien Städte) für Schulbibliotheken zuständig sind.

Die Länderparlamente scheuen sich, gesetzliche Regelungen für Schulbibliotheken zu schaffen oder auf Einhaltung der wenigen Vorschriften durch die Schulträger zu bestehen. Sie verlangen von den Schulträgern weder Bau noch Unterhaltung von Schulbibliotheken. Denn dann müssten sie das Geld dafür bereitstellen, mindestens für eine Mischfinanzierung von Land und Kommunen sorgen.[18] Auf der kommunalen Ebene kommt hinzu, dass das Bibliothekswesen, also nach vorherrschendem Verständnis auch die Schulbibliothek, eine freiwillige Aufgabe ist. Pflichtaufgaben sind dagegen medizinische Versorgung und Müllabfuhr. Während man in jeder texanischen Kleinstadt und dem abgelegensten Südtiroler Bergdorf eine Gemeindebücherei antrifft, hängt deren Existenz in Deutschland von der Finanzkraft der Kommunen und der Aufgeschlossenheit von Bürgermeistern, Kulturdezernenten und Kommunalparlamenten ab.[19]

Alle zehn, fünfzehn Jahre gibt es Modellversuche mit mustergültig ausgestatteten Schulbibliotheken, die bisweilen sogar wissenschaftlich begleitet werden. Solche Modellversuche sind bisher meist im Sande verlaufen.

---

18 Das Konnexitätsprinzip verlangt, dass der jeweilige Gesetzgeber (Bund oder Land) die Finanzmittel für eine beschlossene Maßnahme bereitstellt. Wenn das Land beschließt, dass Kommunen Schulbibliotheken einrichten sollen, muss das Land das Geld dafür geben. Dieses Prinzip steht inzwischen in allen Länderverfassungen. Die Kommunen müssten gegebenenfalls vor dem Landesverfassungsgericht klagen.
Im Verhältnis Bund-Länder ist die Situation ebenfalls kompliziert: 2003 wurde eine Föderalismus-Kommission eingesetzt, mit dem Ziel, klare Zuständigkeiten zwischen Bund und Ländern zu schaffen und den Ländern mehr Gestaltungsspielräume zu geben. Die Möglichkeiten gemeinsamer Finanzierung (Mischfinanzierung) wurden daraufhin verringert. Für Schulen und Hochschulen hatte das zur Folge, dass der Bund weniger Mittel zur Verfügung stellte. Zurzeit wird diese Neuregelung der Bund-Länder-Mischfinanzierung wieder überarbeitet, da sich das Fehlen der Bundesmittel in den Ländern schmerzhaft bemerkbar macht. Dass der Bund in Sachen Schulbibliotheken eine gesetzgeberische Rolle spielen und die Länder und Kommunen zum Aufbau eines Schulbibliothekswesens veranlassen könnte, ist nicht zu erwarten. Anderswo geht es: In den USA gibt die Bundesregierung den Bundesstaaten Zuschüsse für Schulbibliotheken. In Portugal wird das Schulbibliotheksnetz vom nationalen Erziehungsministerium organisiert. In Brasilien wurde ein Bundesgesetz verabschiedet, das für jede der 100.000 Schulen eine Schulbibliothek verlangt. Allerdings werden von der Bundesregierung keine entsprechenden Haushaltsmittel bereitgestellt, so dass dem Gesetz aller Voraussicht nach nicht Genüge getan werden kann.

19 Das dabei entstandene Stadt-Land-Gefälle ist unter dem Gesichtspunkt der Chancengleichheit im Bildungswesen nie thematisiert worden. Helga Neumann [1988] macht darauf in ihrer Dissertation aufmerksam.

Und trotzdem gab und gibt es Inseln. Im Zusammenhang mit der Bildungsreform der 70er Jahre entstanden unter der Verantwortung der öffentlichen Bibliotheken Schulbibliotheken in Großstädten – z. B. in Berlin, Hamburg, Bremen, Duisburg, Frankfurt, Köln – aber auch in wohlhabenden kleineren Städten, z. B. Landshut. Meist waren sie kombiniert mit Stadtteilbüchereien und wurden fachlich betreut von schulbibliothekarischen Arbeitsstellen in den Zentralbibliotheken. In Berlin (West) war im Rahmen eines ambitionierten Schulbauprogramms ein Netz von 14 kombinierten Stadtteil- und Schulbibliotheken in Mittelstufenzentren (integrierten Gesamtschulen) und einem Oberstufenzentrum entstanden. Jeder war ein Diplom-Bibliothekar zugeordnet. Die Einrichtungen unter-standen den Bezirksstadtbibliotheken. Zehn Jahre später wurden sie den Bezirksschulämtern unterstellt, die Planstellen wurden halbiert und die Etats geschrumpft. Heute ist weniger als eine Handvoll Stellen übrig geblieben.

Das ursprünglich richtungsweisende Modell war 1974 in Frankfurt/Main entstanden. Dort wurde mit Landeshilfe eine zentrale Schulbibliothekarische Arbeitsstelle (SBA) eingerichtet, die kombinierte Stadtteil- und Schulbibliotheken betreute und schulinterne Bibliotheken mit Dienstleistungen unterstützte. Der Kulturdezernent der Stadt, Hilmar Hofmann, hatte im Rahmen seiner Kulturpolitik, die sowohl stadtteilorientiert war, als auch für kulturelle Highlights wie das Frankfurter „Museumsufer“ sorgte, die SBA vorgesehen. Das Modell blieb eine Insellösung.[20] Die Landesregierung zog sich schon bald aus der finanziellen Unterstützung zurück. Es hieß, das Modell sei nicht übertragbar auf Flächenlandkreise, wo Schulträgerschaft und Trägerschaft der öffentlichen Bücherei nicht in einer Hand liegen und wo es kein Netz öffentlicher Büchereien gibt.

In Hamburg gab es von 2009 bis 2012 ein Modellprojekt, in dem neue Schulbibliotheken fachgerecht ausgestattet und von Diplom-Bibliothekaren geleitet wurden. Wissenschaftler sollten das Projekt begleiten und auswerten. Es wurde nach einem Regierungswechsel abgebrochen.[21]

---

20 Die SBA wurde von der Stadt Frankfurt/M nicht nur aufrecht erhalten, sondern weiter entwickelt. Sie unterstützt z.Zt. über 70 schulinterne Bibliotheken. (Siehe Link 12)

21 Zu Berlin: Schönsee, Annette: Die Bibliotheken in den Oberstufenzentren, gibt es die noch?, in: Schulbibliothek aktuell 4/2000, pp 373-375, und Hansgeorg Minzlaff: Aufbau der Bibliothek/Mediothek in den Berliner Bildungszentren, in: Informationen für den

Eine Erforschung der Ursachen, warum dieser Höhenflug sein Ende fand, könnte aufschlussreich sein. Auffällig ist, dass es bei den untergegangenen Vorhaben um neue Modellprojekte nach bibliothekarischen Vorstellungen ging und nicht darum, die vorhandenen Schulbibliotheken mitzunehmen.[22] Schulbibliotheken haben ein größeres Interesse daran, sich untereinander – als mit öffentlichen Bibliotheken – zu vernetzen. Zu erkennen ist das an der wachsenden Zahl der Schulbibliothekstage in Deutschland.

Konrad Kallbach hatte schon 1967 in seiner „provocatio" die Schlussfolgerung gezogen, dass die in Deutschland herrschende „Schulbibliotheks-Ideologie" revidiert werden müsse. Sofern es überhaupt Schülerbüchereien gäbe, würden sie als Kleinkopien der öffentlichen Büchereien, als Ausleihbüchereien geführt, nicht als Lese- und Arbeitsbücherei.[23] Als 1998 der Wiesbadener Kulturdezernent die kombinierten Stadtteil- und Schulbibliotheken in vier Schulen schloss, sagte ein betroffener Schulleiter: „Wir machen weiter, aber mit einer kleinen Schulbibliothek, die eher unseren Bedürfnissen entspricht".[24]

In fast jedem Bundesland findet man die eine oder andere Unterstützung.[25] Dennoch: Nach 1928 ist im deutschen Schulbibliothekswesen nichts Wesentliches mehr passiert außer dem erwähnten fatalen Städtetagsgutachten von 1961.

Schulbibliothekar, Nr. 6, Dez.1974, pp 21-23, hrsg. v. d. Zentralen Beratungsstelle für das Schulbibliothekswesen, Frankfurt a. M.
Zu Hamburg: Pressemitteilung des Hamburger Schulsenators v. 24.1. 2012, http://www.hamburg.de/pressearchiv-fhh/3261342/bsb-01-24-bsb-schulbibliotheken.html .

22 Darauf weist Karsten Schuldt hin: Doppelarbeit und Wiederholungen beim Versuch, Schulbibliotheksnetzwerke aufzubauen. LIBREAS. Library Ideas, Jg. 8, H. 1, 2012, online: http://libreas.eu/ausgabe20/texte/03schuldt.htm .

23 Kallbach, Konrad: provocatio (1967), Nachdruck in: Materialien Jugendliteratur und Medien, Sonderheft zum 80. Geburtstag von Konrad Kallbach, 1993, hrsg. von der Arbeitsgemeinschaft Jugendliteratur und Medien, S. 5.

24 Eigene Aufzeichnung nach einem Gespräch mit dem Schulleiter.

25 So hat das Hessische Kultusministerium, ohne dazu verpflichtet zu sein, eine Landeslizenz für eine kostengünstige Katalogisierungssoftware angekauft. Einige wenige Bundesländer sind dem Beispiel gefolgt. Einen gemeinsamen OPAC haben Schulbibliotheken z. B. in Frankfurt am Main und in Freiburg i. Br. Für ganz Hessen wird ein Online-Katalog aller Schulbibliotheken aufgebaut, der hessen.OPAC: www.opac.hebib.de/.

Bildungspartnerschaft „Öffentliche Bibliothek und Schule"

Wenn Bildungsreformen diskutiert wurden, wuchs in der Vergangenheit das Interesse der Bibliotheksverbände an Schulbibliotheken. So bei der von Georg Picht konstatierten „Bildungskatastrophe" 1964, ebenso in der Zeit der Bildungsratsgutachten Ende der 60er/Anfang der 70er Jahre und nach den ersten PISA-Befunden im Jahr 2000.[26] Man versprach sich in diesen reformorientierten Zeiten Arbeitsplätze für Diplom-Bibliothekare in Schulbibliotheken.

Seit etwa einem Jahrzehnt verfolgt der Deutsche Bibliotheksverband (dbv), der Interessenverband der öffentlichen Bibliotheken und deren Bibliothekare, die neue Strategie, mit den Landesregierungen Vereinbarungen abzuschließen, die dem Zweck dienen, dass Schulen ihrerseits Vereinbarungen mit öffentlichen Bibliotheken zwecks Zusammenarbeit abschließen. 12 von 16 Landesregierungen haben bisher unterschrieben.[27] Die öffentlichen Bibliotheken möchten „Bildungspartner" der Schulen, nicht der Schulbibliotheken werden. Die Vereinbarungen kommen der Kommunal- und der Bildungspolitik entgegen, denn so können die Kosten für eigenständige Schulbibliotheken eingespart werden. Die Politik sieht ohnehin in der Doppelexistenz von Stadt- und Schulbibliothek eine Geldverschwendung.[28]

---

26 Picht [1964) und Roth [1968].

27 Link 08 „Kooperationsvereinbarungen ..." Auch wenn den Schulen von manchen Kultusministerien dreiseitige Vertragsformulare zur Verfügung gestellt werden, kommt den Vereinbarungen keine juristische Qualität zu. Es gibt „Verträge", bei denen die Rechtsabteilung der Kommune eingeschritten ist, weil die Bibliothek zu weit gehende Zusagen machte. Die kommunalen Haushälter stört es, wenn sie städtische Mittel – die Arbeitskraft und -zeit der Bibliothekare und den Medienbestand – für Schulen einsetzen, die vom Landkreis finanziert werden müssen. Solche Verabredungen müssten durch Verwaltungsvereinbarungen zwischen dem Schulträger Landkreis und dem Bibliotheksträger Stadt verabredet werden. Dabei ginge es dann auch um Geld für die bibliothekarischen Dienstleistungen.
Bei der Durchsicht der Kooperationsvereinbarungen fällt auf, dass in der überwiegenden Mehrzahl der Fälle die Schulbibliothek gar nicht oder nur am Rande erwähnt wird. Ausnahmen sind Thüringen und Hessen, wo Schulbibliotheken ausdrücklich genannt werden. In Hessen werden sie sogar im Titel genannt.

28 Ich erinnere mich an einen Vortrag, in dem diese Sätze zitiert wurden: „Ein unkoordiniertes Nebeneinander kommt dem Fehleinsatz von Steuergeldern gleich... Schüler sollen frühzeitig an die Benutzung der öffentlichen Bibliothek gewöhnt werden." So lauteten 1978 exemplarisch die Einwände des Südtiroler Bibliotheksverbandes gegen die Verabschiedung

Die Bildungspartnerschaften sollen vertraglich geregelt werden: Demnach sollen Schulklassen regelmäßig Ausflüge in die öffentlichen Bibliotheken machen. Dort können sie Führungen buchen, Bibliotheksrallyes durchführen, Kenntnisse in der Bibliotheksbenutzung und sogar Medienkompetenz erwerben. Folgendes stand im Entwurf zum thüringischen Bibliotheksgesetz: „In Kooperation mit den Schulen bieten die Bibliotheken aber auch Führungen und andere geeignete Veranstaltungen an" (§4). Bibliotheksführungen erhalten somit Gesetzesrang![29] Das hessische Bibliotheksgesetz ordnet den öffentlichen Bibliotheken sogar die Vermittlung von Medienkompetenz zu (§5.2). Heißt das in der Praxis, dass Bibliothekare anstelle von Lehrern eigenständig Lehrveranstaltungen übernehmen und z.B. Filmsprache erklären, einen Fotoroman produzieren oder den Handygebrauch im Englischunterricht einführen?

Als weiteres Argument für die angestrebten Bildungspartnerschaften wird von einigen Bibliotheksfunktionären angeführt, dass ein schlechtes Abschneiden der einzelnen Schulen in Schulleistungsvergleichen durch die Partnerschaft von öffentlicher Bibliothek und Schule verhindert werden könnte – dabei ist strittig, ob mit PISA das gesamte Leistungsspektrum der deutschen Schule evaluiert wird, ob schulisches Lernen auf wenige Indikatoren verkürzt werden darf oder ob die regelmäßigen PISA-Erhebungen miteinander vergleichbar sind.

Was in den bibliotheksfachlichen Konzepten zu kurz kommt, ist die Rolle der Schulbibliothek als pädagogische Einrichtung. Zwei deutsche Diplom-Bibliothekarinnen konstatierten 2010 nach Besuchen in

---

eines Schulbibliotheksgesetzes. Das Schulbibliothekswesen im deutschsprachigen Südtirol gilt heute als vorbildlich. Siehe die beiden Beiträge von Dr. Markus Fritz, S. 75ff. und S. 156ff.

29 Die Diskussion der Bibliotheksgesetze kann man aus bibliotheksfachlicher Hinsicht hier verfolgen: http://www.bibliotheksrecht.de/tags/bibliotheksgesetz/. Die Problematik der Schulbibliothek in diesen Gesetzen hier: https://basedow1764.wordpress.com/tag/bibliotheksgesetz/. Im Musterentwurf des dbv kam sie ursprünglich gar nicht vor. Eine Subsumption der Schulbibliothek unter das System der öffentlichen Bibliothek hat übrigens zur Folge, dass jeder Bürger das Nutzungsrecht an ihr in Anspruch nehmen darf. Die praktischen Folgen dürften wohl überschaubar bleiben (schulfremde Personen im Schulgebäude).

US-amerikanischen Schulbibliotheken überrascht, dass der Schwerpunkt in amerikanischen „school library media centers“ auf dem Unterricht liege.[30]

Aber es gibt auch positive Signale. Birgit Lücke, Leiterin einer Stadtbibliothek und Vorsitzende der dbv-Kommission „Bibliothek und Schule“, betont die Bedeutung der Schulbibliothek:

> „Aber auch die beste öffentliche Bibliothek kann eine räumlich, bestandstechnisch und personell vernünftig ausgestattete Schulbibliothek nicht ersetzen. [...] Eine Schulbibliothek lebt ja in und mit ihrer Schule und muss im schulischen Alltag konzeptionell verankert sein.“[31]

Und genau hier möchte ich ansetzen: Es geht nicht darum, Bibliothekaren die Kompetenz für das Thema Schulbibliothek abzusprechen. Auch Schulbibliotheken brauchen Bibliotheksmanager/-innen. Aber – und das ist wichtig – sie müssen sich einlassen auf die Ziele und die Strukturen der Organisation „Schule“, sie sollten also die Bibliothek von der Schule her denken und sie nicht als Außenstelle einer Stadtbibliothek sehen – dann sind auch Bildungspartnerschaften sinnvoll.

Schulbibliotheken haben auch in Deutschland gute Chancen

Die nachfolgenden Rahmenbedingungen werden dazu führen, dass es auch ohne gesetzliche Regelungen zu neuen Schulbibliotheken oder zur Wiederbelebung vorhandener kommt:

---

30 Im Blog des Goethe-Instituts New York, 24.11.2010: http://blog.goethe.de/librarian/archives/361-Kurz-nach-dem-Rueckflug-Was-bringen-wir-mit-Versuch-eines-Resuemees.html.

31 Interview mit Birgit Lücke (2010): http://www.goethe.de/wis/bib/fdk/de6345839.htm. Eine Expertengruppe „Schulbibliothek“ mit beratenden Funktionen gab es in der Beratungsstelle für Schulbibliotheken im 2002 geschlossenen Deutschen Bibliotheksinstitut. Der dbv hat die Kommission übernommen, sie aber in „Bibliothek und Schule“ umbenannt und damit ihren Auftrag verändert. Lange Zeit war nicht klar, wo der Schwerpunkt liegt, beim Engagement für Schulbibliotheken oder für die Zusammenarbeit von Bibliothek und Schule. In jüngster Zeit geht es wieder mehr um Schulbibliotheken.

- **Die Zahl der Ganztagsschulen nimmt zu.** Es ist wenig wahrscheinlich, dass Schüler nach dem Ganztagsunterricht noch in eine öffentliche Bibliothek gehen. Die Schulbibliothek wird in erheblichem Umfang für die außerunterrichtlichen Aktivitäten, die in einer Ganztagsschule möglich sind, benötigt werden (z. B. Mittagsbetreuung, Hausaufgabenerledigung, freie Arbeit[32], freies Lesen, Arbeitsgemeinschaften).

- **Im Unterricht und in Abschlussprüfungen bis hin zum Abitur werden Gruppenarbeiten, Recherchekenntnisse und Präsentationen verlangt.** Für diese Prüfungsteile brauchen Schülerinnen und Schüler Handapparate, Zugang zum Internet und Präsentationsmedien. Sie brauchen Platz für ihre Arbeitsgruppe und den Gruppentisch, wie es ihn weder im Klassen- noch im Computerraum gibt. Deshalb sind multimediale Schulbibliotheken optimal ausgestattete Lernorte für diese Aktivitäten.

- **Dem Lesenlernen und der Förderung des Lesens wird mehr Aufmerksamkeit geschenkt.** Die PISA-Lesekompetenz-Messungen 2000 und 2003 haben ergeben, dass die Spreizung zwischen sehr kompetenten und wenig kompetenten Schüler/-innen größer ist als in anderen Staaten und dass es eine vergleichsweise große „Risikogruppe“ von wenig kompetenten Schülern gibt.[33] Die bloße Existenz einer Schulbibliothek reicht aber nicht aus, es kommt darauf an, was dort zur Förderung des Lesens geschieht.

- **Nach wie vor gibt es ein Interesse von Eltern und Lehrer/-innen, sich in Schulbibliotheksarbeit zu engagieren.** Dies sollte nicht als „Wildwuchs“ abgewertet, sondern als Chance begriffen werden.

- **Das Konzept der autonomen oder selbstständigen Schule belässt mehr pädagogische und organisatorische Verantwortung bei der Schulleitung und gibt ihr gestalterische Spielräume.** Der Staat überwacht die Schulabschlüsse, macht aber weniger Vorschriften für den laufenden Betrieb („Outputsteuerung“). Die Schule könnte selbst entscheiden, ob sie eine Schulbibliothek einrichtet oder modernisiert.

---

32 Wikipedia-Artikel „Freiarbeit“: http://de.wikipedia.org/wiki/Freiarbeit

33 Link 11 „PISA-Lesekompetenz“.

Da die selbstständige Schule[34] bei der Stellenzuweisung auch personelle Gestaltungsmöglichkeiten bekommt, ist es möglich, statt eines Fachlehrers eine Medienpädagogin oder Bibliothekarin einzustellen.

Ein Paradigmenwechsel ist notwendig

Um eine moderne, multimediale Schulbibliothek zu ermöglichen, die erfolgreich in die Schule hineinwirken soll, die auch die Qualität des Unterrichts steigern und den Weg zu einer lesenden Schule ebnen soll, bedarf es eines Paradigmenwechsels. Schritte dazu werden im Folgenden und in den nächsten Kapiteln vorgestellt.

- **Schulbibliotheken müssen Länderaufgabe sein**
  Die Schulbibliotheksfinanzierung darf nicht im Ermessen eines Schulträgers liegen. Die Länder müssen sich an der Finanzierung beteiligen, vorrangig auf dem Wege der Mischfinanzierung bei den Sachkosten und durch Übernahme der Personalkosten für die Schulbibliothekare. Wenn Schulbibliothekare, wie hier vorgeschlagen wird, pädagogische Aufgaben wahrnehmen und nicht Verwaltungsarbeit leisten, wäre das sogar zwingend.
  Es käme zudem zu einer klaren Aufgabenteilung im Bibliothekswesen: Die öffentliche Bibliothek würde von der kommunalen Gebietskörperschaft unterhalten. Sie erhielte keine staatlichen Zuschüsse und beanspruchte keine Mittel aus den Bildungshaushalten der Länder – diese gingen an die Schulbibliotheken. Wie schon von Helga Neumann[35] gefordert, wäre es konsequenter, die Länder würden die Zuschüsse für kommunale öffentliche Bibliotheken streichen und die Mittel direkt in Schulbibliotheken investieren.
  Öffentliche Bibliotheken werden von Leser/-innen genutzt. Daher muss es auch in deren Interesse liegen, dass Schülerinnen und Schüler in Schulbibliotheken zu Leserinnen und Lesern werden. Der Satz aus dem Städtetagsgutachten von 1961: „Schulbüchereien sind der breite Unterbau des öffentlichen Büchereiwesens“ bekäme so einen umfassenderen

34 Link 16 „Selbstständige Schule“.

35 1988, S. 80

Sinn als die ursprüngliche Absicht, sie den Stadtbüchereien unterzuordnen.[36]

- **Schulbibliotheken müssen in eigenen Schul- oder Schulbibliotheksgesetzen verankert werden**
  Wenn die Schulbibliotheken der staatlichen Aufsicht unterstellt werden, sollten in entsprechenden Gesetzen auch die rechtlichen Grundlagen – Zuständigkeiten und Verordnungen zur Ausstattung und Finanzierung – aufgeführt werden. Für Kultusministerien, Schulträger, Schulaufsicht und Schulleitungen ist das Schulrecht maßgeblich. In der Schule muss die Schulleitung für die Bibliothek verantwortlich sein.

- **Bibliotheksverbände sollten ihren Alleinvertretungsanspruch für Schulbibliotheken aufgeben**
  Für Schulleiter und Lehrer führen Schulbibliotheken eine Nischenexistenz. Sie haben sie weder in Schulleiter-Lehrgängen noch in der Lehrerausbildung kennengelernt. Aufgrund der Zuordnung zum Bibliothekswesen sind sie kein Thema für das Schulwesen. Über sie referieren Bibliothekare vor Bibliothekaren auf Bibliothekarstagen oder schreiben in bibliothekarischen Fachzeitschriften.
  Das hier aufgezeigte Konzept erfordert auch, dass Entscheidungen bezüglich der Schulbibliotheken nicht mehr nur von Bibliotheksverbänden gefällt werden können.
  Bisher können diese bewirken, dass die Kultusminister Lehrern vorschreiben, wie oft sie mit ihren Schulklassen die öffentliche Bibliothek besuchen sollen. Sie erwarten, dass Lehrer und Schüler sich von ihnen die Bibliotheksbenutzung, das Suchen im Internet, das Unterscheiden von guten und schlechten Treffermeldungen in Suchmaschinen beibringen lassen. Mit der „Bildungspartnerschaft Bibliothek und Schule" wird eine Marketingstrategie umgesetzt, die Kundenzahlen, Ausleihkennziffern und die Finanzierung öffentlicher Bibliotheken verbessern soll. Die Strategie der Funktionäre überfordert die öffentlichen Bibliotheken allein schon quantitativ. Wie will das Personal von 2.100 öffentlichen Bibliotheken 9.000.000 Schülerinnen und Schülern, 600.000 Lehrerinnen und Lehrern, 400.000 Schulklassen in 33.000 Schulen Medien- und Informationskompetenzen beibringen? Die Initiative des

36 Vgl. Fn 17

Deutschen Bibliotheksverbandes, Kooperationsverträge mit Kultusministern abzuschließen, blockiert eine Schulbibliotheksentwicklung, die eingebettet sein müsste in Schulprogramme, Qualitätsrahmen für Unterricht und schulische Lesekonzepte. Sie enthebt die Kultusminister noch des letzten Rests an Verantwortung für Schulbibliotheken.

- **Bibliothekslehrer, Schulbibliothekar oder Diplom-Bibliothekar? – Die Zuständigkeit muss geklärt werden**
  Die Weichenstellung des Städtetages von 1961 für Schulbibliotheken hat auch die Zuständigkeit und Leitung geregelt – Schulbibliothekare sind den Bibliotheken unterstellt. Auch die Ausbildung sollte im Rahmen der Bibliothekarsausbildung erfolgen. Inzwischen wird jedoch immer deutlicher, dass die Anforderungen an eine Tätigkeit in einer Schulbibliothek weitaus umfassender sind.

1993 besuchte der Bibliothekar Reinhold Heckmann eine Weltschulbibliothekskonferenz und berichtet:

> „[...] fällt immer wieder auf, dass international die pädagogischen Aspekte schulbibliothekarischer Arbeit stark betont werden. Die Schulbibliothek ist keine Ausleihbibliothek mit traditionellen bibliothekarischen Funktionen [...] Dementsprechend stehen nicht Katalogisierungsfragen und andere bibliothekstechnische Fragen im Vordergrund der Diskussion. Aus diesem Verständnis von Schulbibliothek als pädagogischer Einrichtung ergibt sich, auch hier besteht international große Einigkeit, dass der Schulbibliothekar in erster Linie Lehrer sein muss, der zwar bibliothekarische Kenntnisse, aber keine Vollausbildung benötigt [...] Wie jeder weiß, wird demgegenüber bei uns die bibliothekarische Komponente der Schulbibliotheksarbeit stark betont. Ein Weg, der nicht sehr erfolgreich war, wie man nach nahezu 25 Jahren Schulbibliotheks-‚Entwicklung' in der Bundesrepublik wohl konstatieren muss. Wann probieren wir, neue Wege zu gehen?"[37]

---

37 Reinhold Heckmann: Ein Blick über die Grenze, ursprünglich in: schulbibliothek aktuell, Nachdruck in: Landesbibliothekszentrums Rheinland-Pfalz (Hrsg.): Arbeitshilfen, Schriftenreihe für die zentrale Schulbibliothek, Heft 24, S. 4f.

Fünf Jahre zuvor, 1988, schrieb die Bibliothekarin Helga Neumann in ihrer Dissertation mit dem programmatischen Titel „Die pädagogische und bildungspolitische Aufgabe der Schulbibliothek“: „Die Leitung einer Schulbibliothek setzt in hohem Maße pädagogische Kompetenz voraus; sie kann deshalb nur von einem Lehrer übernommen werden.“[38]

Von der Leitung würden Kenntnisse in Lerntheorie und Unterrichtsplanung, Kenntnisse von spezifischen Unterrichtsmedien einzelner Fächer, eigene Unterrichtspraxis, Spezialwissen in Kinder- und Jugendliteratur verlangt. Es läge daher nahe, Lehrer nach Erwerb von Zusatzqualifikationen in schulbibliotheksrelevanten Bereichen wie Medienpädagogik, Methodentraining, Leseförderung und Bibliotheksmanagement einzusetzen.[39] Ein solcher Teacher-Librarian nach US-Vorbild könnte eigenen Unterricht erteilen und wäre damit besser in Kollegium und Schule eingebunden als eine Bibliothekarin.

Zusammenfassend muss festgestellt werden, dass die falsche Weichenstellung von 1961 nur schwer rückgängig gemacht werden kann. Der Königsweg zur modernen Schulbibliothek ist zugewachsen. Auch wenn ein Masterplan nicht gelingen sollte: Trampelpfade wird es immer und immer mehr geben. Aktive Eltern, Lehrer und Schulleiter, aufgeschlossene Bibliothekare, bildungsorientierte Kommunalpolitiker und unorthodoxe Ministerialbeamte können dafür sorgen, dass die Schulbibliothekskultur sich in Deutschland wieder entfaltet.

---

38 Neumann [1988 – S. 187]. Nicht übersehen werden sollte, dass die bibliothekstechnischen Arbeiten durch Software erheblich vereinfacht werden (Fremddatenübernahme, Katalogisierung, Ausleihe mit Barcode u.a.).

39 Weiterbildungscurricula gibt es z. B. in Frankreich (documentaliste; Link 05), Dänemark, Portugal, Südtirol. Masterstudiengänge u. a. in den USA, Kanada und Australien. In Deutschland werden dagegen Arbeitskräfte für Schulbibliotheken im Rahmen von Beschäftigungsprogrammen für Langzeitarbeitslose gefunden. Ihr Einsatz ist zeitlich befristet. Die Betroffenen erhalten manchmal sogar eine Schulung. Nicht wenige haben sich die Sympathie der Schüler und den Respekt des Kollegiums erarbeitet. Aber ihnen wird keine berufliche Perspektive in der Schulbibliothek geboten.

III. Zu Schulbibliotheksforschung und neurowissenschaftlichen Forschungen zu digitalem Lernen und Lesen

Wissenschaftliche Untersuchungen und Forschungsergebnisse zur Bedeutung der Schulbibliotheken für Leseleistung und Schulerfolg

Für die deutschsprachige Erziehungswissenschaft, auch für die Lese- und Leserforschung, ist die Schulbibliothek kein Forschungsthema. Von Schulbibliothek ist nicht die Rede, wenn es um Lesen lernen oder Lesen fördern geht. Allenfalls ist von Klassenbibliotheken die Rede oder es wird ein Besuch der öffentlichen Bibliothek empfohlen.[40] Das mag daran liegen, dass es zu wenige Schulbibliotheken gibt, die verlässliche Daten liefern. Einige Examensarbeiten gibt es in der Lehrerausbildung, in denen es um Unterricht in der Bibliothek geht, ganz selten auch einmal um die Einrichtung einer Grundschulbibliothek mit dem Schwerpunkt Leseförderung. In der Bibliothekarsausbildung gibt es Examensarbeiten zu Schulbibliotheken, obwohl es dieses Thema als Studienschwerpunkt nicht mehr gibt.

Anders ist es in den USA und in der gesamten angelsächsischen Welt. Die US-amerikanischen Schulbibliotheken verdanken ihren Aufschwung dem Sputnikschock 1957. Die damalige Sowjetunion hatte den ersten Satelliten ins Weltall geschossen. In den USA wuchs daraufhin die Furcht vor einer technologischen Überlegenheit der Russen. 1958 begann die Anteilsfinanzierung der Schulbibliotheken durch die Bundesregierung in Washington. Sie stellte den Bundesstaaten reguläre Haushaltsmittel, immer wieder auch Sondermittel, zur Verfügung. Bis dahin waren weder die Schulen noch die öffentlichen Bibliotheken von der Idee der Schulbibliothek überzeugt gewesen.

---

40 Z. B Bettina Hurrelmann: „Ein erweitertes Konzept von Lesekompetenz und Konsequenzen für die Leseförderung", in: Auernheimer, Georg (Hrsg.): Schieflagen im Bildungssystem, ^{2}2006.

Ende der 80er Jahre, nach besorgniserregenden Untersuchungen zur sinkenden Lesefähigkeit der Amerikaner, nicht zuletzt der von Schülern und Lehrern, begann der Wandel der Schulbibliotheken zu „school library media centers“, den Wissenszentren der Schule.[41] Es war erkannt worden, dass Bücherregale und eine Ausleihtheke nicht ausreichten. Das pädagogische Potenzial der Schulbibliothek war noch nicht ausgeschöpft. Es begann die Weiterbildung von Lehrern zum Teacher-Librarian oder, wie es amtlich heißt, „school library media specialist“.

Das angelsächsische Schulbibliothekswesen ist auch deswegen von Bedeutung, weil im Zuge dieser mehr als zwanzigjährigen Professionalisierung eine universitäre Schulbibliotheksforschung entstanden ist. Die Professorinnen und Professoren untersuchen u. a. den Zusammenhang von Schulbibliotheken und Schülerleistungen in den Schulleistungstests.

Weil in den USA Reformen im Bildungswesen schnell umgesetzt und auch konsequent evaluiert werden, verlangen die Professoren von „ihren“ Schulbibliothekaren, sich und ihre Bücher- und Medienzentren ständig weiter zu entwickeln und neu zu erfinden. Der Nachweis, dass Schulbibliotheken zur Steigerung von Schülerleistungen beitragen, ist auch deswegen notwendig geworden, weil im US-Bildungswesen gespart werden muss angesichts der Verschuldung der öffentlichen Haushalte. Auch Schulbibliotheken sind in den Fokus von Politik und Verwaltung geraten. Für die Behörden ist es naheliegender, den Bibliothekslehrer zu streichen oder ihn wieder in den Fächern, für die er ursprünglich ausgebildet wurde, unterrichten zu lassen, als Kürzungen in der Stundentafel vorzunehmen oder Unterricht ausfallen zu lassen. Daher dienen diese Studien auch dem Nachweis der Notwendigkeit von Schulbibliotheken und sollen helfen, weitere Schließungen zu verhindern.

Ein beeindruckendes Bild der regen Forschungstätigkeit im angelsächsischen und austral-asiatischen Schulbibliothekswesen vermitteln die Konferenzen des Weltschulbibliotheksverbandes IASL.[42] Dreißig und mehr Fallstudien, Projekt- und Forschungsberichte werden jedes Jahr präsen-

---

41 Cole, John Y. (Hrsg.): Books in Our Future: Perspectives and Proposals. Washington, DC: Library of Congress, 1987.

42 IASL, International Association of School Librarianship, http://www.iasl-online.org/

tiert. Unter den Referenten und den Teilnehmer/-innen aus aller Welt sind deutsche Lehrer oder Bibliothekare eine Ausnahme.

Längst haben nicht alle amerikanischen Schulbibliotheken den Standard, der in den Wirksamkeitsstudien als der erfolgreichste identifiziert wird. Starre Nutzungsformen sind noch weit verbreitet, z. B. eine im Stundenplan festgelegte Zeit (scheduling), in der Referate (assignments) anzufertigen sind. Austauschschülerinnen berichteten mir, dass dieses Pensum an Referaten nicht nur Begeisterung bei den Schülern hervorrief. Hinzu kam, dass Schüler bei Fragen und Hilfeersuchen vom Bibliothekslehrer erst einmal an den Katalog verwiesen wurden. „Look it up in the card catalog!" muss wohl einer der meistgehassten Sätze für amerikanische Schüler sein. Andererseits gibt es eine wachsende Avantgarde von US-Schulbibliothekar/-innen, über die auch in diesem Buch berichtet wird. Dank der Forschung und Lehre in den USA, Kanada und Australien kommen gut ausgebildete Teacher-Librarians in die Schulen und sind dort in der Lage, gemeinsam mit Fachlehrern Lernprozesse zu planen, Unterricht durchzuführen und sich als Recherche- und Multimediaexperten unentbehrlich zu machen.

Aus der Fülle der Untersuchungen[43] über die Wirksamkeit von Schulbibliotheken ragen diese heraus:

a) Die Colorado-Studien

Die seit 1993 durchgeführten Längsschnittstudien in inzwischen 10.000 Schulen mit über einer Million Schülerinnen und Schülern werden nach dem Ursprungsstaat „Colorado-Studien" genannt. Ihr Ergebnis lautet: Schülerinnen und Schüler, die gute Schulbibliotheken benutzen können, schneiden in den Leistungstests signifikant besser ab. Insbesondere in den Lesetests ergeben sich Leistungsunterschiede bis zu 20%. Wohlgemerkt: Verglichen wurden Schülerleistungen in Schulen mit guten und weniger guten Schulbibliotheken. Schulen ohne Bibliothek gibt es fast nicht. Die Indikatoren für gute Schulbibliotheken sind:

---

43 Links 13 a, b, c „Schulbibliotheksforschung".

- gut ausgebildetes Personal
- lange Öffnungszeiten
- Qualität des Medienbestandes
- Zusammenarbeit der Bibliothekslehrer mit den Fachlehrern im Unterricht
- Training von Arbeitstechniken in der Bibliothek (Recherchieren und Präsentieren)
- Integration neuer, digitaler Medien

b) Die Ohio-Studie

Carol Kuhltau und Ross Todd haben 13.000 Schülerinnen und Schüler im US-Bundesstaat Ohio befragt, wie diese ihre Schulbibliotheken nutzen. Sie kommen zu dem Ergebnis, dass die Schulbibliothek von den Schülern als Ort verstanden wird, an dem sie Hilfe beim Lernen erhalten können. 88,5% der Schüler sagen, dass sie aufgrund dieser Hilfen bessere Bewertungen im Unterricht und bei Referaten erzielt hätten.[44]

Jedoch bleibt es ein Desiderat, diejenigen Faktoren exakt bestimmen zu können, mit denen eine gut ausgestattete und über gut ausgebildete Bibliothekslehrer verfügende Schulbibliothek zum Schulerfolg beiträgt.[45] Welche einzelnen Faktoren für das Abschneiden in den Schulleistungstests ausschlaggebend sind, ist ungeklärt. Wie so oft in der empirischen Bildungsforschung kann das Geschehen in der Schule nicht auf einzelne Einflussfaktoren hin aufgelöst werden.[46] Aber die Schulbibliotheksforscher

---

44 Siehe The Landmark Ohio Study: 13,000 Students Can't Be Wrong, S. 23: http://www.scholastic.com/content/collateral_resources/pdf/s/slw3_2008.pdf

45 Darauf macht auch der Bibliothekwissenschaftler Karsten Schuldt in seinem Blog aufmerksam: http://bildungundgutesleben.wordpress.com/category/teilgebiete/evaluation-und-empirie/

46 Anders ging der neuseeländische Bildungsforscher John Hattie vor (S. Fn 5). Er wertete in einer Mega-Analyse 50.000 erziehungswissenschaftliche Studien aus und fand wirksame und weniger wirksame Einflussfaktoren für guten Unterricht: Es sind die Lehrer und ihre Lehr- und Lern-Arrangements, auf die es ankommt. Ein bisher unterschätzter Aspekt für die deutsche Schulreformdiskussion, die eher um Klassengrößen, Geld, Computerausstattung und Schulstruktur kreist. Bei unserem Thema könnte man analog vermuten, dass die Arbeit der in der Schulbibliothek tätigen Spezialisten den Unterschied macht.

forschen weiter. Sie wollen herausfinden, welche schulbibliothekarischen „Interventionen“ sich leistungsfördernd auswirken.[47]

Die genannten Studien, die das Abschneiden in standardisierten Tests als vorrangigen Maßstab für den Erfolg schulbibliothekarischer Arbeit nehmen, sind die meist zitierten. Sie verengen jedoch den Blick. Der Beitrag der Schulbibliotheken zur Unterrichtsqualität, zur Schulkultur, zum Schulerfolg, zur Persönlichkeitsentwicklung, zur Förderung der Lesefähigkeit und zur Lust am Lesen ist wesentlich umfangreicher. Ihn zu beschreiben, vielleicht sogar zu quantifizieren, sollte weiter verfolgt werden.[48]

Bisherige Ergebnisse der Wirkungsforschung belegen, dass:

- Schulbibliotheken (irgendwie) zu besserem Lernen beitragen. Schüler lernen, selbstständiger zu arbeiten, methodischer vorzugehen und haben Zugang zu einem breiten Angebot an Medien und Quellen
- Schülerleistungen in Schulen mit guten Schulbibliotheken steigen, unabhängig vom sozioökonomischen Status des Elternhauses
- Referate und Präsentationen fundierter sind
- Ergebnisse in Leseleistungstests besser sind
- mehrere Dimensionen der Lesefähigkeit verbessert werden (Wortschatz, Grammatik, Rechtschreibung und Schreibstil)

In einer **britischen Studie** gießt Christina Clark[49], Forscherin im britischen National Literacy Trust, Wasser in den Wein: Sie hat herausgefunden, dass die Schulbibliotheksbenutzer ihre Lesekompetenzen doppelt so

47 Nötig wäre m. E. ein aufwändigeres Untersuchungsdesign, z. B. auch Kontrollgruppen, die ganz ohne Schulbibliothek lernen.

48 Der Hamburger Modellversuch von 2009, neu eingerichtete Schulbibliotheken wissenschaftlich zu begleiten, wurde durch eine neue Landesregierung 2012 vorzeitig und ohne Auswertung abgebrochen.
Eine neue Studie von Ross Todd u. a. ist breiter angelegt. Sie erforscht den Alltag in Schulbibliotheken von New Jersey: Wie wird dort gearbeitet, welche Wirkung hat das?: The New Jersey Study of School Libraries: One Common Goal – Student Learning. Siehe Link 13(b) „Schulbibliotheksforschung - New Jersey 2011“.

49 Clark, Christina: Linking School Libraries and Literacy: Young people's reading habits and attitudes to their school library, and an exploration of the relationship between school library use and school attainment. National Literacy Trust (2010): http://www.literacytrust.org.uk/assets/0000/5760/Linking_school_libraries_and_literacy_2010.pdf

hoch einschätzen wie die Nichtnutzer. Auch in weiteren Indikatoren wie Lesefreude und Lesehäufigkeit unterscheiden sich Nutzer und Nichtnutzer erheblich. Sonderlich überraschend ist wohl nicht, dass Nichtleser weniger häufig in die Schulbibliothek gehen. Die Verfasserin der Studie hat zwar einen Zusammenhang von Schulbibliotheksnutzung und Leseleistung (reading attainment) beobachtet, kann aber nicht sagen, ob die gute Leseleistung zur Nutzung motiviert oder die Schulbibliotheksnutzung die Ursache guter Leseleistung ist.

Aber auch wenn nicht klar ist, ob Schulbibliotheken Leser „machen" oder es Leser sind, die sie nutzen: In Schulbibliotheken zu investieren, wäre in beiden Fällen höchst sinnvoll.

In einer **kalifornischen Untersuchung** über Schulbibliotheken und Schülerleistung wurde detailliert herausgearbeitet, was gute Schulbibliotheken und gute Schulbibliothekare von schlechten unterscheidet. Demzufolge bieten gute Schulbibliotheken:

- Ausgedehnte Öffnungszeiten
- Internetzugang, Zugang zu Datenbanken und Katalogen, E-Learning
- Koordination im schulischen IT-Bereich durch die Teacher-Librarians
- Mitwirkung bei der Herstellung von multimedialen Lernmaterialien
- Vorschläge für die Umsetzung der Curricula
- Teilnahme der Schulbibliothekare an Konferenzen
- Information des Kollegiums über neue Medien
- Fortbildungsangebote für das Kollegium
- Proaktiven[50] Kontakt zu Schulleitung und Kollegium
- Zusammenarbeit mit den Fachlehrern bei Unterrichtsplanung, -durchführung und Leistungsbewertung
- Konzepte für eine fachdidaktisch orientierte Informationsrecherche
- Unterstützung von Lehrern und Schülern bei der Informationssuche
- Unterstützung der Schüler bei der Quellennutzung
- Hilfe bei der Suche nach Ressourcen außerhalb der Schule, darunter auch Fernleihe

50 proaktiv: vorausschauend planen, aktiv werden und nicht warten, bis man auf sie zukommt.

- Beratung von Schülern beim Lesen
- Information der Eltern über die Bedeutung lebenslangen Lernens

Das alles liest sich fast wie eine Arbeitsplatzbeschreibung. Und was wird in deutschen Schulbibliotheken geleistet? Einsendungen zu den Wettbewerben um die „Schulbibliothek des Jahres" der Arbeitsgemeinschaften der Schulbibliotheken in Hessen und Berlin-Brandenburg enthalten Beispiele.[51] In Leseinseln, Leseecken, Oberstufenarbeitsbüchereien, Wissens-, Lern- und Lesezentren wird tagtäglich zur Schulqualität beigetragen. In guten Schulbibliotheken findet Unterricht statt, kann man digital und mit gedruckten Büchern lernen, offener und individueller als im Klassenraum, kann kreativ und produktiv sein, Hausaufgaben machen, Referate schreiben oder in der Mittagspause schmökern. Schulbibliotheken tragen nicht nur zur Vermittlung der vom PISA-Direktorium geforderten Lesekompetenz bei. In ihnen steckt weitaus mehr. Darüber sollten auch in Deutschland Fallstudien geschrieben werden. Bezugspunkt für eine deutsche Schulbibliotheksforschung könnten die oben genannten, in Kalifornien herausgefundenen schulbibliothekarischen Standards sein.[52]

Die Auswirkung der Digitalisierung auf das Lese- und Lernverhalten

Es gibt bisher nur Vermutungen, dass sich Lesen und Lernen verändern, wenn sie an einem Monitor, einem E-Book-Reader oder mit einem iPad stattfinden.

Die Neurowissenschaftlerin Maryanne Wolf[53] erklärt Lesen als einen Vorgang, bei dem der Leser sich eigene Gedanken macht und bei dem Assoziationen entstehen. Dieses vertiefte Lesen unterscheide sich von der Informationsaufnahme, wie sie beim täglichen „Scannen" der E-Mail

---

51 Link 57 a, b: „Schulbibliotheken des Jahres". Vgl. auch „LAG-Report 2013", hrsg. von der LAG Schulbibliotheken in Hessen e. V., Hofheim/Ts. 2013

52 Achterman, Douglas L.: Haves Halves and Have-Nots: School Libraries and Student Achievement California Dissertation Univ. of Texas, Dezember 2008 S. 164 in (2008), http://digital.library.unt.edu/ark:/67531/metadc9800/m2/1/high_res_d/dissertation.pdf

53 Wolf, Maryanne [2009]: Das lesende Gehirn. Wie der Mensch zum Lesen kam und was es in unseren Köpfen bewirkt, Heidelberg 2009

stattfinde. Je mehr sich das hastige Lesen der Informationsmassen des Internets ausbreite, desto größer werde die Gefahr, dass Kinder und Jugendliche nicht mehr die für vertieftes Lesen erforderliche Hirnstruktur ausbildeten. Dies sind Vermutungen. Belege, ob das Gehirn elektronische Bücher „mag" oder nicht, gibt es – noch – nicht.

Der Psychiater und Neurowissenschaftler Manfred Spitzer [2010] weist auf Ergebnisse der Lern- und Gehirnforschung hin. Er sagt, dass digitale Medien (Computer, Spielekonsolen, Smartphones usw.) das Leben Jugendlicher verändern. Sie verbringen 7,5 Stunden täglich damit. Die meiste Zeit davon sei Multitasking: gleichzeitig Youtube sehen, E-Mails checken und Musik downloaden. Facebook und iTunes sind geöffnet, im Ohr stecken die iPod-Stöpsel. Sie verbringen den größten Teil ihrer wachen Zeit online und werden pausenlos mit neuen Texten, Bildern und Tönen konfrontiert.[54] Offline sind sie bis jetzt nur noch in der Schule.

Spitzer ist nicht der Meinung, dass man sich die Welt mit einem Mausklick aneignen könne. Wer das tue, lerne oberflächlich. Das Lernen mit der Maus beanspruche deutlich weniger Nervenzellen als das ganzheitliche, nicht-digitale Lernen.

Ein Symptom, dass digitales Lesen oberflächlich geschieht, ist auch die zunehmende Verwendung des Wortes „Content" für alles, was man in Suchmaschinen findet, sei es ein Gedicht, ein Roman, ein Film. Der Inhalt verliert seine individuelle Bedeutung, er ist ein Fundstück, das man hin- und herschieben kann, weitergeben (to share), weiterverwenden und auch wieder löschen kann. Man kann das weiterdenken bis zu den heißen Eisen „Urheberrecht" und „Plagiat".

Wenn zuträfe, worüber Maryanne Wolf und Manfred Spitzer spekulieren, dann wäre es spannend zu verfolgen, wie es sein wird, wenn die so genannte „net generation", erwachsen und berufstätig geworden ist. Werden sich Lesefähigkeit und Lesekultur verändern? Was wird Lesen für deren Kinder bedeuten?

---

54 Bei Multitaskern müsste man die Onlinezeit m. E. anders rechnen: in der genannten Zeit – 7,5 Std. – konsumieren sie ca. 10 Stunden Internet täglich.

Anfänglich wurde die digitale Revolution ähnlich positiv gesehen wie die Verbreitung des Fernsehens – grenzenlose Bildungschancen würden sich eröffnen. Was das Fernsehen angeht, ist Ernüchterung eingekehrt. Je höher der TV-Konsum, so die Befunde, die Spitzer nennt, desto niedriger die Bildung. Bei den digitalen Medien verhielte es sich ähnlich. Eine Auswertung von PISA-Daten habe ergeben, dass ein häuslicher Computer mit schlechteren Schulleistungen einhergehe. Eine weitere Untersuchung belege, dass Spielekonsolen nach vier Monaten zu sinkenden Schulleistungen führen.

Spitzers Befunde sind nicht unumstritten. Es scheint auszugehen wie beim Fernsehen: Wer gezielt Sendungen nutzt, profitiert. Wer sich vom Trash-TV berieseln lässt, verdummt. Computer nützen guten und schaden schlechten Schülern.

Lernen brauche Zeit, Phasen der Ruhe. Gelerntes muss konsolidiert werden. Wer vormittags Physik und Mathe erträgt und nachmittags lustvoll mit Multitasking oder Playstation beschäftigt ist, der lösche die Eindrücke vom Vormittag. Spitzer meint, dass Multitasking keineswegs positive Effekte habe, wie das immer noch behauptet wird. Zwei Dinge gleichzeitig zu tun, bedeute, beides nicht zu tun. Das sei bereits eine Sentenz aus dem alten Rom.

Die Universität von Stanford hat Multitasker und Nicht-Multitasker verglichen. Die Auswertung der Ergebnisse zeigt auf, dass Multitasker Probleme mit der Kontrolle ihres Denkens haben. Sie können Unwichtiges schlechter ausblenden und sogar schlechter von einer zu einer anderen Aufgabe wechseln.[55]

Die Informatik-Professorin Gloria Mark hat herausgefunden, dass Menschen, die online lesen, permanent abgelenkt sind. Sie rufen im Durchschnitt alle drei Minuten ihre Mail ab und wechseln spätestens nach zehn Minuten zu einer anderen Aufgabe. So käme man nicht zu einem konzentrierten, gründlichen Arbeiten.[56]

55 Eyal Ophir, Clifford Nass, Anthony D. Wagner, Cognitive control in media multitaskers: http://www.stanford.edu/~nass/Cognitive_Control_Final.pdf

56 Prof. Gloria Mark in einem Blogkommentar in der New York Times, 14.10.2009: Does the Brain Like E-Books?: http://roomfordebate.blogs.nytimes.com/2009/10/14/does-the-brain-like-e-books/#gloria

Eine kanadische Universität fand heraus, dass Studenten in OPACs von Fundstelle zu Fundstelle hüpften, aber fast nie zu einer Fundstelle zurückkehrten; methodisches Arbeiten sähe anders aus.[57]

Auch Powerpoint-Referate sind nicht automatisch besser. In meiner eigenen Unterrichtspraxis fiel mir beim Training von Powerpoint und Mindmanager, einer Software zur Herstellung von Mindmaps, auf, dass die Schüler, aber auch ich selbst, vor allem darauf achteten, wie gut diese Software angewandt worden war: Lesbarkeit, Übersichtlichkeit, Visualisierung, akustische und visuelle Animation usw. Hinter der Diskussion des mehr oder weniger gelungenen Layouts verschwand der Inhalt. Dieselbe Erfahrung machte ich während meiner Tätigkeit in einem Schulamt bei der Lektüre von elektronischen Bewerbungsunterlagen für schulische Funktionsstellen. Allmählich ließ ich mich nicht mehr blenden von bunten Schaubildern und edlen Schriftarten. Mancher eng beschriebene Schreibmaschinenaufsatz, den es damals noch gab, traf das Thema präziser. Wie viel Technologie brauche ich, um einen klaren Gedanken zu formulieren, um zu zeigen, dass ich etwas mit eigenen Worten sagen kann und etwas verstanden habe?

Mir ist keine Untersuchung bekannt, in der nachgewiesen wurde, dass die milliardenteure Ausstattung der Schulen mit Informations- und Kommunikationstechnologie (IKT) die Schulqualität und die Schülerleistungen entscheidend verbessert hätte. Partiell mag es zutreffen: Bei der Inklusion, beim „blended learning“ in der betrieblichen Ausbildung und der Erwachsenenbildung, beim Visualisieren geometrischer Figuren im Mathematikunterricht.

Die OECD, die mit ihren PISA-Studien weltweit normiert, was Schulleistungen sind, bewertet auch die Ausstattung der Schulen mit Computern. Hier kommt sie zu einem für Deutschland negativen Urteil, denn es gebe zu wenig Computer an den Schulen.

---

57 Karl V. Fast, D. Grant Campbell, „I still like Google“: University student perceptions of searching OPACs and the web (2005): http://onlinelibrary.wiley.com/doi/10.1002/meet.1450410116/abstract?

Die Bertelsmann-Stiftung hat die Leistungen von „Laptopklassen" in einem von ihr finanziell unterstützten Gymnasium untersucht und kommt zu einem positiven Ergebnis. Sie führt u. a. an, dass die Mädchen an die Technologie herangeführt worden seien, dass die „authentischere und komplexere Aufgabenstellung" (als in der Vergleichsklasse ohne Laptops; GS) eine Ursache für den Lernzuwachs sein könnte. Liegt der Lernzuwachs an der Aufgabenstellung oder an den Laptops?[58]

Ein bemerkenswerter Befund aus einer Befragung amerikanischer College-Studenten besagt: Wenn es um Prüfungsvorbereitungen geht, werden Laptops und iPads weggelegt. Gelernt wird wieder mit Papier, Bleistift und „richtigen" Büchern. Elektronische Geräte und Hypertexte würden verwirren, Facebook und Youtube seien nur einen Knopfdruck entfernt. Dazu passen zwei Lerntipps aus MyGully, einem Download-Forum:

- „... lass den Laptop während der Vorlesung in der Tasche. In wirklich ALLEN Vorlesungen, die ich in meinem Studium besuchte, hat ein Laptop mehr geschadet als genutzt, weil man dadurch leicht abgelenkt wird und nicht mehr konzentriert der Vorlesung folgt. Das mag bei einigen wenigen Studiengängen (Informatik und Verwandtes) anders aussehen, aber meistens gilt: Zuhören, Mitschreiben und Mitdenken ist wichtiger, als einen Laptop vor sich stehen zu haben."

- „Nicht so oft in MyGully schauen!"[59]

58 OECD-Studie: http://www.digital-lernen.de/nachrichten/medienforschung/einzelansicht/artikel/oecd-legt-neue-pisa-auswertung-vor-computerausstattung-in-deutschland-bleibt-schlecht.html
Telekom-Studie: http://www.uni-paderborn.de/fileadmin/kw/institute-einrichtungen/erziehungswissenschaft/arbeitsbereiche/herzig/downloads/forschung/Studie_Digitale_Medien.pdf
Bertelsmann-Studie: http://www.bertelsmann-stiftung.de/cps/rde/xchg/SID-DECD78D7-232F10E1/bst/hs.xsl/nachrichten_4555.htm (weit nach unten scrollen!).

59 Der „UniSpiegel" zitiert eine kleine Studie (ca. 300 Probanden), die ergab, dass Facebook-Nutzer etwas schlechtere Noten im Studium bekommen: http://www.spiegel.de/unispiegel/studium/studie-facebook-nutzer-haben-schlechtere-noten-a-619583.html; MyGully-Zitate hier: http://mygully.com/thread/400-eure-besten-lerntipps-um-durchs-studium-zu-kommen-2398427/ Einträge v. 20.08.11, 20:53 Uhr und 21.08.11, 11:41 Uhr.

In Süd-Korea sollten in einem ambitionierten Vorhaben alle Schulbücher bis 2015 nur noch digital verfügbar sein. Das Programm wurde nach nur einem Jahr gestoppt. Ärzte diagnostizieren auch in Süd Korea die Zunahme der neuen Krankheit „Internetsucht".[60] Nach dem Auftauchen der ersten, noch recht einfachen Computerprogramme für geographische Umrisskarten habe ich dennoch in meinem Unterricht weiterhin darauf bestanden, dass von Hand gezeichnet und auch die topographischen Daten von Hand eingetragen werden. Der Lerneffekt war selbst für den Laien erkennbar: Die Bewegungen der Hand, das genaue Hinschauen in den Atlas, die Übertragung auf Papier waren für das Einprägen hilfreich.

Interessant ist der Bericht einer Journalistin über zwei Privatschulen in Washington D.C. Eine der beiden Schulen setzt ganz bewußt auf digitale Technologie. Bereits die Kindergartenkinder erhalten iPads, alle Schülerinnen und Schüler benutzen MacBooks. Sie dürfen während des Unterrichts E-Mails abrufen und SMS verschicken. Die Lehrer unterrichten mit Smartboards. Mathestunden kann man zusätzlich nach dem Unterricht auf Youtube anklicken.

Die andere Schule setzt auf die Begegnung mit dem „wirklichen Leben" – in der Werkstatt und im Schulgarten. Technologie lenke, ab, Handys und Laptops sind nicht erlaubt und geschrieben wird auf Papier. Abgänger beider Schulen sind in den Eingangstests von Eliteuniversitäten erfolgreich.[61]

Zu den Auswirkungen von Computer und Internet auf schulisches Lernen gibt es also noch keine eindeutigen Aussagen. Hier kann die Schulbibliothek ein interessantes Experimentierfeld sein.

60 Washington Post, 25.3.2012: http://www.washingtonpost.com/blogs/answer-sheet/post/south-koreas-surprising-stand-down-on-digital-textbooks/2012/03/25/gIQA6djvbS_blog.html

61 High-tech vs. no-tech: D.C. area schools take opposite approaches to education, in: http://www.washingtonpost.com/business/technology/high-tech-vs-no-tech-dc-area-schools-take-opposite-approaches-to-education/2012/05/12/gIQAv6YFLU_story.html

Leseförderung ist auch Aufgabe der Schulbibliothek

In der deutschen Schulbibliothekstradition, sofern man das Wort benutzen darf, treten zwei Anforderungen hervor: Das freie Lesen fördern und zur Vermittlung von Wissen und Bildung beitragen.

Eng verbunden ist die Schulbibliothek mit der „Jugendschriftenbewegung“ reformpädagogisch orientierter Lehrer wie Heinrich Wolgast, zum Ende des 19. Jahrhunderts. Sinn der damaligen Schulbücherei war, Schülerinnen und Schülern den Zugang zu anspruchsvoller Kinder- und Jugendliteratur zu ermöglichen. Die massenhaft verbreitete, später so genannte „Schundliteratur“ in billigen Heftchen wurde bekämpft. Dieser Kampf setzte sich in der Weimarer Republik fort und tobte noch in den 50er Jahren in der Bundesrepublik Deutschland. Lehrer lasen vor; gemeinsam wurden in der Klasse Bücher aus der Schulbücherei gelesen.[62]

Für die Philanthropen im 18. Jahrhundert spielte das Lesenlernen als Fundament für beruflichen Erfolg und humanistische Bildung eine große Rolle. Ihre Forderung nach Schulbibliotheken entstand in diesem Zusammenhang.

Das traditionelle deutsche Gymnasium kennt die Studienbibliothek und den Literaturunterricht. Leseförderung in Form der freien Lektüre von Kinder- und Jugendliteratur fand eher nicht statt. Das ändert sich seit den 80er Jahren. Die Schulen haben die Leseförderung wieder entdeckt. Allerdings ist der klassische Lektürekanon umstritten, der wissenschaftspropädeutische Literaturunterricht ebenfalls.

Das Lesen von erzählender Literatur ist für Heranwachsende zuallererst eine private Angelegenheit. Bücher bieten die Möglichkeit, sich die Welt aus der Sicht fiktiver Personen anzueignen. Kinder und Jugendliche lesen aber immer weniger Bücher. Das war vor einer Generation noch anders. Bis in die 70er Jahre waren es Bücher und Hefte von Karl May, Enid Blyton und Walt Disney, also gedruckte Medien, mit denen man sich auf Entdeckungsreisen begab. Das wurde abgelöst vom Kinder- und

---

62 Dahrendorf, Malte: Kinder- und Jugendliteratur im bürgerlichen Zeitalter, Königstein 1980, pp 23 – 71.

Jugendfernsehen. Die Gefahren der neuen visuellen Medien benannte die Psychologin und Medienpädagogin Hertha Sturm: Eine schnelle Bildfolge überfordere Wahrnehmung und Verarbeitung. Das Gehirn könne darauf nicht mehr angemessen reagieren. Sie charakterisiert das Phänomen anschaulich: Es gäbe „Kopfsalat“, weil eine „fehlende Halbsekunde“ die kognitive Verarbeitung erschwere.[63] Parallelen zu Wolf und Spitzer sind unverkennbar. TV-Sendungen, Kassetten, Videospiele und Internet werden, bei aller Interaktivität, passiv konsumiert. Audiovisuelle und digitale Medien verschaffen auf Knopfdruck Spaß und Entspannung.

Das Buch dagegen ist ein nachhaltiges Medium. Kann man lernen, Freude am Bücherlesen zu haben? Kann man in der Schule lernen zu genießen? Für die Schulbibliothek ist Leseförderung ein wesentliches Aufgabengebiet. In der Schulbibliothek soll die Freude am Lesen und Lesenlernen ermöglicht werden. Es wäre schade, wenn die Bibliothek in der Wahrnehmung der Schüler nur als Ort der Informationsentnahme aus Texten wahrgenommen wird.

Nicht zuletzt durch die von Schulleistungsvergleichsstudien beförderte Konzentration auf Sach- und Gebrauchstexte hat dazu geführt, dass in Bibliotheken und (vor allem angelsächsischen) Schulbibliotheken fast nur noch von Vermittlung der Informationskompetenz, der Fähigkeit, Sachtexten Informationen zu entnehmen, die Rede ist. Literarische Texte scheinen an den Rand gedrängt.

Die bei PISA 2000 getesteten deutschen 15-Jährigen haben wenigstens in einer Dimension den „Spitzenplatz“ unter den OECD-Teilnehmerstaaten: 42% gaben an, nicht zum Vergnügen zu lesen. Der Wert ist weitaus alarmierender als der Grad der Unfähigkeit, Informationen aus Texten zu entnehmen. Warum soll ein Schüler, der „keinen Bock“ auf Lesen hat, sich die Kompetenz aneignen, ins höchste Quartil – das oberste Viertel – der lesekompetenten Schüler aufzusteigen?

---

63 Sturm, Hertha/Holzheuer, Katharina/Helmreich, Reinhard: Emotionale Wirkungen des Fernsehens. Jugendliche als Rezipienten, München und New York 1978; Ich hatte das große Glück, Frau Prof. Sturm an der Universität Frankfurt am Main zu hören.

Was kann die Schulbibliothek für die Wiedergewinnung der Leselust tun? Schon die Tatsache, dass zum Schulalltag eine Bibliothek gehört, die dazu anregt, in der Mittagspause, vor und nach dem Unterricht, in einem breiten, aktuellen Angebot an Kinder- und Jugendliteratur stöbern und schmökern zu können, bedeutet Leseförderung. Schülerinnen und Schüler entdecken Bücher, können sie in die Hand nehmen und auch ungelesen zurückstellen.[64] Es ist wissenschaftlich untersucht, letztlich evident, dass man lesen durch lesen lernt. Was stattfindet, ist im weitesten Sinne lernen.

In einem Projekt des sächsischen Bildungsministeriums fand man – wenig überraschend – heraus, dass das Literaturangebot in der Grundschule und die Literaturvorlieben der Kinder weit auseinander klaffen. Jungen und Mädchen läsen am liebsten spannende Abenteuerliteratur. Im Angebot der Lehrerinnen dominierten aber Sachtexte. In dem Projekt ging es um verstärkten Einsatz fiktionaler Literatur. Man kam zu dem Befund, dass sich der „Leseknick" zum Ende der Grundschulzeit, der Rückgang der Leselust, abmildern, sogar umkehren ließ, wenn man fiktionale Literatur stärker im Unterricht einsetzt.[65]

Leseförderung ist eine der Aufgaben der Schulbibliothek. Sie wird in der Schulbibliothek von morgen ihre wichtige Rolle nicht verlieren.

Schon jetzt könnten Stadt- und Gemeindebibliotheken durch Anbieten und Liefern von „Lesefutter" als Kooperationspartner eine Rolle spielen. Die Stadtbibliothekarin oder ihr Team stellt in den Klassen neue Bücher vor und leiht sie hier gleich aus. Weitere Möglichkeiten wären der Schulbibliothek zur Verfügung gestellte Bücherkisten, die Aufnahme dieser Titel in den OPAC der Schulbibliothek, Werbung für die Stadtbibliothek und ihre Veranstaltungen.

Die wirksamste Form der Leseförderung ist, einer Schülerin oder einem Schüler im richtigen Moment das richtige Buch zu empfehlen. Dann spielt es keine Rolle, dass es ein dickes Buch ist. Hoffnung macht mir der Satz

64 Zu den Rechten des Lesers: Pennac [1992].

65 Erprobung von Gender-Mainstreaming-Strategien an sächsischen Schulen, Abschlussbericht, hrsg. v. Sächsischen Bildungsinstitut, Radebeul 2011, pp 16-23.

eines Schülers, dem ich Robert Cormier[66] empfohlen hatte. Ihn hat das Buch stärker berührt als ein Film. Der Schüler sagte: „Ich hab das richtig miterlebt, was der da schreibt. Wenn ich das lese, stelle ich mir das in Gedanken vor. Da gehe ich mehr mit als vor dem Fernseher".

Lektüre von Kinder- und Jugendliteratur findet in deutschen Klassenzimmern in erfreulichem Umfang statt. Eine zu starke Verschulung der Freizeitlektüre und die Sektion eines Dramas mit Hilfe vieler Arbeitsblätter sind allerdings kontraproduktiv. In Lesebiographen gibt es Belege: „Ich habe immer gern gelesen, dann kam der Deutschunterricht", erinnert sich eine junge Erwachsene.[67]

Wenn E-Books ihren Weg in die Schule finden, dann zuerst im Bereich der Schulbücher.[68] Ob sie zur Leseförderung taugen, aus technikaffinen Jungen eifrige Leser machen? Es führt kein Weg an der pädagogischen Weisheit vorbei, die Schüler dort abzuholen, wo sie sind. Wenn Kinder und Jugendliche in einer digitalen Welt leben, muss das digitale Lesen von Kinder- und Jugendliteratur zumindest erprobt werden. In deutschen Schulen wurde und wird viel Geld in Smartboards investiert, ohne zu wissen, ob sie das Lernen verbessern oder in wenigen Jahren durch digitale Lesebrillen abgelöst werden. Genauso gut müsste es möglich sein, der Schulbibliothek fünfzig oder hundert „e-book-reader" zu geben.

In der Schulbibliothek können viele verschiedene Annäherungsformen an Literatur erprobt werden. In Groß-Britannien diskutieren Lehrer im Leseclub der Schulbibliothek mit. Oder sie sind der mit Spannung erwartete Überraschungsgast, der in der Mittagspause vorliest: „flash reading session". Im Kindergarten, im Grundschulunterricht, in der Sekundarstufe sollte Vorlesen selbstverständlich werden. Lesende Lehrer müssen

---

66 Cormier, Robert: Unheilvolle Minuten, München 2003

67 Vgl. Schön, Erich: Leseerfahrungen in Kindheit und Jugend, in: In Sachen Lesekultur, hrsg. vom Bundesminister für Bildung u. Wissenschaft, Bonn 1991, S. 135.

68 Es ist nicht damit zu rechnen, dass es für Eltern, die Schulbücher kaufen müssen oder für Bundesländer mit Lernmittelfreiheit billiger würde. E-Book-Reader müssen erneuert werden, gehen verloren oder werden gestohlen. Die Nutzung der digitalisierten Texte kostet Geld. Die großen Internetkonzerne signalisieren Interesse am digitalen Schulbuchmarkt; siehe Link 04 (b) „Doebeli".

Vorbilder sein. Wichtig ist, dass die Erwachsenen signalisieren: Bücher lesen gehört zum Leben dazu.

Aufgreifen und wenigstens ansatzweise weiterführen möchte ich in diesem Zusammenhang den Aspekt der Bildungsgerechtigkeit, den Helga Neumann[69] aufwirft. Für Kinder und Jugendliche aus Elternhäusern, in denen der Besitz und das Lesen von Büchern keinen hohen Stellenwert haben, die keine öffentliche Bibliothek benutzen können, weil es keine in der Nähe gibt, eröffnet eine Bibliothek in der Schule Bildungschancen. Bibliothekare dürfte der Nebeneffekt erfreuen, dass Schüler, die sich in der Schulzeit daran gewöhnt haben, dass es eine attraktive und nützliche Schulbibliothek gibt, auch Nutzer der öffentlichen Bibliothek werden.

In den von mir betriebenen Schulbibliotheken habe ich die Erfahrung gemacht, dass die eifrigsten Nutzer/-innen der Schulbibliothek auch einen Ausweis der Stadtbibliothek besaßen. Der Aspekt der Bildungsgerechtigkeit gehört dazu, wenn man die Zukunft der Schulbibliotheken in Deutschland erörtert.

Bisher ging es um „passive" Leseförderung. Eine „aktive" Leseförderung wäre der eigentliche Zukunftsaspekt: Kreativer Umgang mit Literatur, eigene Schreiberfahrungen, schärfen des Bewusstsein für literarische Qualität, helfen der Phantasie und werden zum Gemeinschaftserlebnis: Szenische Inszenierung, Theateraufführung, Fotoroman, der Roman, an dem die ganze Klasse schreibt, die Produktion von Hörspielen und Videos. Der Schulbibliothekar sollte Impulsgeber und die Schulbibliothek Kulturzentrum sein. Der Deutschunterricht kann nicht allein für einen gelingenden Leselernprozess und wachsende Leselust verantwortlich gemacht werden. In fast allen Unterrichtsfächern wird gelesen und geschrieben. Aber in den anderen Fächern verlässt man sich gerne auf die Deutschlehrer. Im Deutschunterricht bleibt indes wenig Zeit für lesen, vorlesen oder laut lesen. Es mag am umstrittenen Lektürekanon liegen, dass der Auftrag, neben dem Unterricht und über die Sommerferien zu lesen, weitgehend abgeschafft wurde. Jetzt findet nichts dergleichen mehr statt.

---

69 (1988) Vgl. z. B. Link 54 „Migrantenkinder"

Die Schulbibliothek ergänzt den Deutschunterricht: Lesen und Schreiben kann hier in Anwendungssituationen stattfinden und nicht nur als Hausaufgabe: In der Schülerzeitung, im Lesetagebuch, im Lesecafé und im Leseclub, während der Lesenacht, bei Lesungen, in Workshops, an Projekttagen. Die digitalen Möglichkeiten machen es einfacher als früher, Hörspiele und Fotoromane zu realisieren. Texte können zu E-Books formatiert werden.[70]

Schulen laufen Gefahr, mit dem Einsatz neuer, digitaler Medien den bereits hohen Medienkonsum der Schüler zu steigern. Auch die jüngste Empfehlung der Kultusministerkonferenz zur Medienbildung übersieht die Dimension des kreativen und phantasievollen Umgangs mit digitalen Medien, sieht man vom gelegentlich verwendeten Wort „Gestaltung" ab. Die Empfehlung bleibt beim rezeptiven Umgang mit den neuen Medien stehen, thematisiert vor allem die informations- und kommunikationstechnologische (IKT)-Ausstattung der Schulen, auch den Schutz Minderjähriger vor ungeeigneten medialen Angeboten.[71] Die Chance, einen souveränen, emanzipierten Umgang mit digitalen Medien zu befördern, liegt im eigenen Tun. Schülerinnen und Schüler werden selbst zu Schöpfern medialer Produkte. Die „aktive" Schulbibliothek wäre auch der passende Ort für Unterricht über Internetetikette, Urheberrechtsfragen und Jugendmedienschutz.

---

70 Software um pdf-, doc oder odf-Dateien in das E-Book-Format e-publi zu konvertieren: Calibre, http://www.chip.de/downloads/Calibre-32-Bit_35436003.html. Software für eine digitale Zeitschrift: Zeen: http://zeen.com/

71 Medienbildung in der Schule, 8.3.2012: http://www.kmk.org/fileadmin/veroeffentlichungen_beschluesse/2012/2012_03_08_Medienbildung.pdf . Die KMK vergisst auch nicht, Kooperationspartner für die schulische Medienbildung zu erwähnen: öffentliche Bibliotheken, Jugendmedienschutzinstitutionen und die Filmwirtschaft.

IV. Pädagogische und didaktische Überlegungen zu Schulbibliotheken im digitalen Zeitalter

Ideen für zukunftsfähige Schulbibliotheken

Ob Schulbibliotheken schon überflüssig sind, bevor sie flächendeckend eingeführt werden, hängt wesentlich davon ab, wie sich Computerisierung und „Internetisierung" im Schulalltag und auf die Schulorganisation auswirken werden. Wir stehen erst am Anfang des digitalen Zeitalters, auch wenn Computer seit mehr als 40 Jahren genutzt werden und das World Wide Web auch schon zwanzig Jahre alt ist. Das mobile Internet mit seinen tragbaren Geräten Smartphone, Tablet und E-Book-Reader ist gerade dabei, das, woran sich schon eine ganze Generation gewöhnt hatte, auf den Kopf zu stellen.

Smartphones werden in nicht allzu langer Zeit zur Grundausstattung aller Kinder und Jugendlichen gehören. Manche „simsen" jetzt schon in einer langweiligen Unterrichtsstunde unter der Bank oder lassen sich französische Verben übersetzen und bekommen von der (ob der beeindruckenden Vokabelkenntnis) freudig überraschten Lehrerin eine mündliche Eins. Der seriöse schulische Gebrauch steckt noch in den Kinderschuhen. Dabei ermöglichen die Geräte eine nahezu unerschöpfliche Nutzung, genannt sei hier nur ein Teil: Vokabeltrainer (mit Audiofunktion), Rechentrainer, Wörterbuch, Lexikon, Atlas, Notizbuch, Diktiergerät, Video- und Fotokamera.[72]

Während in manchen deutschen Schule noch Computerräume mit Desktop-Rechnern eingerichtet werden, erhalten Schüler in anderen Staaten zu Beginn der Grund- oder Sekundarstufe ihren persönlichen Laptop oder ihr Tablet. Top-Thema in Deutschland ist zurzeit die Ausstattung der Klassenzimmer mit interaktiven Whiteboards.[73] Die Computerisierung

72 Ein iPhone-Schulversuch in der Schweiz, 2009: http://www.tagesanzeiger.ch/digital/gadgets/Rechnen-Schreiben-und-Turnen-mit-dem-iPhone/story/20183050

73 Der Landrat des brandenburgischen Landkreises Barnim verkündet nach zweijähriger Vorlaufzeit im Winter 2012, dass er als erster im Bundesland alle Klassenzimmer seines Kreises mit Smartboards ausstatten ließ. Seit 2012 gibt es eine Lösung, die das 2.000 € teure

der Schulen ist keine billige Angelegenheit: Die Geräte halten nicht ewig. Die Folgekosten für Training, technischen Support, Softwarelizenzen, Reparaturen und Anschaffung neuer Gerätegenerationen wurden anfänglich unterschätzt.

Seitdem das Internet auch mobil genutzt werden kann, ist es möglich, dass die Schüler ihre eigenen Geräte in die Schule mitbringen. Das allerdings schafft neue Probleme: Die geschlossene IT-Infrastruktur der Schule muss für diese Geräte geöffnet werden, Fragen des Datenschutzes sind ungeklärt. Aber die Geräte sind nun einmal zunehmend da, die Schüler benutzen sie. Warum soll man sie nicht auch in der Schule nutzen?

Nachstehend soll die Frage erörtert werden, ob eine moderne, multimediale und multifunktionale Schulbibliothek dazu beitragen kann, die Qualität der Schule zu verbessern.

Die Auswirkungen von Computern und Internet in Schule und Schulbibliotheken

Hierzu zitiere ich Joseph Weizenbaum, einen Informatiker, der auch ketzerische Bemerkungen über die Computergläubigkeit seiner Mitmenschen nicht scheute:

> „Die Frage, ob der Computer in die Schule gehört oder nicht, kann nicht vernünftig beantwortet werden, solange die Prioritäten der Schule nicht deutlich bestimmt sind. Doch in den meisten Schulgemeinden werden diese Prioritäten noch nicht einmal diskutiert. Die Politik steht – unter anderem wegen PISA – unter dem Druck, den Schulunterricht zu ‚verbessern' und reagiert mit dem Ruf: Etwas muss geschehen! Dieses ‚Etwas' ist dann die Einführung des Computers im Klassenzimmer. Ich frage jedoch: Was ist denn höchste Priorität der Schule? Und handelt die Schule entsprechend?

Smartboard überflüssig macht. Mit einer neuen Software, einem Adapter und einem Kabel für zusammen 100 €, einem sowieso vorhandenen Beamer und dem Lehrer-Laptop erhält man den Laptopbildschirm auf der Leinwand und kann damit wie mit dem Smartboard arbeiten.

Die allerhöchste Priorität der Schule muss sein, den Kindern ihre eigene Sprache beizubringen, so dass sie sich klar und deutlich artikulieren können – sowohl mündlich als auch schriftlich. Menschen, die diese Fähigkeit besitzen, können auch kritisch lesen und hören. Sie sind in der Lage, die Signale, die sie erreichen, kritisch zu interpretieren. Menschen, die das hingegen nicht können, sind leichte Beute für jede Form der Propaganda und Irreführung. Ich bin überzeugt, dass die meisten Schulen in den industrialisierten Ländern ihre Aufgaben in diesem Sinne nicht erfüllen und zum großen Teil eine Jugend erziehen, die nicht kritisch denken kann. Sie ist dazu verurteilt, in ihrer zukünftigen Arbeit ihre Maschinen sklavisch zu bedienen und ihre Freizeit mit dem Saugen an den Brüsten der Vergnügungsindustrie zu verschwenden.

Computer in den Händen von Kindern, die noch nicht die Reife haben, Relevantes von Entertainment zu unterscheiden, denen ein blinder Glauben in das, was der Computer – zum Beispiel Google – ihnen ‚sagt', eingeprägt ist, die glauben, dass Lesen eine bloße Sammlung von ‚Fakten' bedeutet und eine Geschichte zu verstehen lediglich heißt, sagen zu können, was in der Geschichte passiert – kurz: ein Instrument, so angewendet, ist ein intellektuelles Mordinstrument. Und so ist der Computer meistens eingeordnet in eine Kultur, die versucht Education durch Edutainment zu ersetzen. Dort, wo der Schulhaushalt für die Bibliothek gestrichen wird, um den Computereinsatz zu finanzieren, ist die Zukunft der Schüler ernsthaft gefährdet."[74]

Weizenbaum spricht den Kern des Problems an: Die Informations- und Kommunikationstechnologie (IKT) muss sich fragen lassen, was sie zur Schulqualität beiträgt. Das ist bisher kaum erforscht. Statt zu fragen: „Für welches schulische Problem ist das iPad die Lösung?", erhalten in den USA schon Kindergartenkinder iPads und Lehrer sollen sie im Unterricht

74 Richter, Horst Eberhard: Moral in Zeiten der Krise, München", pp 150/151; ähnlich auch Stoll, Clifford: Hightech Heretic. Why Computers Don't Belong in the Classroom, New York 1999.

nutzen. Erforscht ist der Beitrag der IKT zur Steigerung von Schulqualität kaum.[75]

Gerne wird von Computerbegeisterten beim Auftauchen einer neuen Software oder eines neuen Gerätes eine pädagogische Revolution ausgerufen und eine radikale Unterrichtsreform gefordert. Aber wer spricht heute noch von Virtual Life? Dazu gab es einmal Unterrichtseinheiten. Viele US-Schulbibliotheken haben sich ein Blog zugelegt, um ihre jugendlichen Nutzer anzusprechen. Blogs sind inzwischen in der Ü30-Altersklasse beliebter als bei Jüngeren. Die Twitternutzung durch Teenager hat sich dafür verdoppelt.[76] Die ersten Twitterlektionen für Grundschüler gibt es schon.[77]

Computer, Internet und Web 2.0 sind keine pädagogischen Wunderwaffen. Natürlich haben sie nicht mehr wegzudenkende Vorteile: Das Schreiben von Lebensläufen zum Beispiel mit einem Textverarbeitungsprogramm lässt viele Übungsmöglichkeiten zu. Des Weiteren speichern Lehrer ihre Unterrichtsvorbereitung und die Arbeitsblätter inzwischen auf dem USB-Stick. Falls sie etwas zu Hause vergessen haben, kommen sie über *Dropbox* an die häuslichen Dateien. Auch in den Fachdidaktiken gibt es immer mehr Ideen zum Einsatz digitaler Medien: Handyeinsatz in den Fremdsprachen, *Google Earth* im Geographieunterricht, digitalisierte Bild- und Tondokumente im Geschichtsunterricht, *Mediaquest* für den Lateinunterricht. Kreismedienzentren bieten den Download von Medien an, deren manuelle Ausleihe vor ein paar Jahren noch einigen bürokratischen und logistischen Aufwand verlangte.

Klaus Klemm, Hans-Günther Rolff und Klaus-Jürgen Tillmann machten schon 1985, als die Computerwelle auf die Schulen zurollte, darauf aufmerksam, dass sich nicht alle neuen Unterrichtstechnologien durchsetzen würden.[78] Sie zählen auf, was schon damals auf der Strecke geblieben

---

75 Vgl. die Zusammenstellung bei Heise online, 22.3.2005: „Schlechter Lernen mit dem Computer: http://www.heise.de/tp/artikel/19/19725/1.html

76 http://pewinternet.org/Presentations/2012/Jun/SUNY-Libraries.aspx (Folie 31) Die Präferenzen von Schülern ändern sich. Es ist zu vermuten, dass sie Anwendungen nutzen wollen, die nicht sogleich von Lehrern didaktisiert werden.

77 Waller, Martin: Using Twitter in the primary classroom: http://www.scribd.com/doc/35528373/Using-Twitter-in-the-Primary-Classroom-by-Martin-Waller

78 Siehe Klemm [1985 - insbes. S. 130ff.].

war: Sprachlabore, programmierter Unterricht, Einzelarbeitsplätze und TV-Übertragungssysteme. Durchgesetzt hätten sich Geräte, bei denen die Lehrer ihre didaktischen Spielräume behalten konnten. Zu ihrer Zeit waren das Fotokopierer und Tageslichtprojektor, nicht aber programmierter Unterricht, Sprachlabor und aufwändige TV-Übertragungssysteme. Lehrer entscheiden, was für eine Lerngruppe angemessen ist. Ein gedruckt vorliegender Text oder ein stehendes Bild hätten nichts von ihrem Wert verloren. Sie ließen sich in Ruhe analysieren, interpretieren und verstehen.

Nehmen die drei Autoren nicht vorweg, was unsere Zukunft zu werden scheint? Programmierer und Marketingexperten der großen Internetkonzerne gewinnen wachsenden Einfluss darauf, was und wie in den Schulen gelernt wird. Lehrer und Schüler brauchen nur noch Kompetenzen im Bedienen der Geräte und im Anwenden der Programme. Die Autoren weisen auf etwas hin, was seinerzeit im Vordergrund stand, inzwischen vergessen zu sein scheint, aber für meine Vision einer zukünftigen Schulbibliothek wieder an Bedeutung gewinnt: der Computer als Lerninstrument, die Schüler als Programmierer.[79]

Das Wesentliche des Schulunterrichts sind die Personen. Lehrer und Schüler kommunizieren und setzen sich gemeinsam mit einem Thema auseinander. Es geht vor allem um das Verständnis des Gelernten, nicht um Anhäufung von Wissen.

Lehrer können ein vertrauensvolles Lernklima schaffen, den Lehrstoff vermitteln und Gespräche und Diskussionen dazu ermöglichen. Die Interaktion mit einem Monitor, einer Maschine und einem Programm kann das nicht ersetzen.

79 Im Informatikunterricht lernt man, wie ein Computer funktioniert. Man lernt auch, den Computer so zu programmieren, dass er Probleme lösen kann. Inzwischen versteht man unter Computerkompetenz vor allem die Beherrschung von Powerpoint und Google. Also die Anwendung dessen, was andere programmiert haben. Siehe Link 07 „Informatikunterricht".

Lernziel Informationskompetenz

Die gigantische Zunahme an Informationen, die das Internet zur Verfügung stellt, soll mit den Mitteln des Internets handhabbar gemacht werden. Anfänglich wurden Webseiten in Katalogen erfasst oder digitale Bibliotheken aufgebaut. Inzwischen haben sich Suchmaschinen durchgesetzt. Sie durchsuchen nicht nur mechanisch ihre gespeicherten Wortlisten, sondern sollen demnächst auch verstehen, was der Nutzer sucht, z. B. eine Kapelle zum Beten oder eine, die Musik macht. Die Frage ist, ob die Zunahme an Informationen zu mehr Wissen führt oder eher zu mehr Nichtwissen.[80] In Treffermeldungen wird, wie berichtet, oberflächlich gelesen, hin und her gesprungen, selten zu einem früheren Fundstück zurückgekehrt. Schnelligkeit geht meist vor Gründlichkeit.

Die Vermittlung von Informationskompetenz soll den jungen Menschen helfen, im Internet zu finden, was sie suchen. Diese Kompetenz wird schrittweise erworben: Zuerst soll der Bedarf an Information geklärt werden, dann kann effektiv im Internet nach den entsprechenden Informationen gesucht werden. Schließlich sollen die gefundenen Webseiten kritisch auf ihre Qualität hin untersucht werden, gute Informationen von schlechten unterschieden und die hochwertigen verwendet werden.[81] Wie eine wachsende Anzahl von Untersuchungen aus Bibliotheks- und Informationshochschulen nachweist, wird dieses Vorgehen jedoch nur selten angewendet.[82]

Aufgabe der Bibliothekare ist es, Wissen zu sammeln, geordnet aufzubewahren und für Bibliotheksbenutzer zu erschließen. Es liegt nahe, dass sie diese Aufgaben auch bei digital gespeichertem Wissen wahrnehmen. Der Begriff Informationskompetenz begann seinen Siegeszug in den 70er Jahren, als das über Internet zugängliche Wissen exponentiell zu wachsen begann. Im Kern ging es damals um die Benutzerschulung für bibliothekarische Dienstleistungen wie elektronische Kataloge und Datenbanken, vorrangig in Hochschulen.

80 Vgl. Masing [2012].

81 http://de.wikipedia.org/wiki/Informationskompetenz

82 Zum Beispiel: Information Behavior of the Researcher of the Future. A British Library/JISC Study 2008: http://www.jisc.ac.uk/media/documents/programmes/reppres/ggworkpackageii.pdf

Bibliothekskataloge haben im Vergleich zu Suchmaschinen bis heute einen Rückstand an Benutzerfreundlichkeit. Sie waren ursprünglich für die Bibliothekare gedacht, nicht für die Bibliotheksbenutzer.

Eine Folge der Nutzerschulung sei, dass Bibliothekare aus Studenten und Schülern kleine Bibliothekare machten, bemerkt Stanley Wilder, stellvertretender Leiter einer Universitätsbibliothek in den USA. Bibliothekare schafften sich damit selbst ab. Er bezweifelt aber, dass Bibliothekare tatsächlich allein in der Lage sind, alle Schüler und Studenten informationskompetent zu machen. Bibliothekare sollten eher das Suchen vereinfachen, statt aus Schülern Bibliothekare zu machen! Bezeichnender Weise heißt eines der vielen Weblogs, die sich mit Suchen im Internet beschäftigen „never-ending search".

Vor allem verlangt Wilder von Bibliothekaren, über Studenten und die Erfordernisse für deren Schreib- und Lernprozesse nachzudenken. Bibliothekare sollten sich als Teil des akademischen Lehrpersonals begreifen und ihre Kenntnisse vom Forschungsstand der jeweiligen Fächer und der Fachdokumentationen in die Beratung der Studenten einbringen, sie beim Schreibprozess begleiten.[83]

Kompetenz wird als eine überfachliche Fähigkeit gesehen, die es einer Person ermöglicht, Probleme oder Aufgaben zu lösen. Daher werden fachunabhängige Curricula zum Erwerb von Informationskompetenz vom Kindergarten bis zum Abitur entworfen oder gar ein Fach „Informationskompetenz" gefordert. Dass man Methoden losgelöst von Inhalten lernen kann, war für Lehrer schon immer schwer vorstellbar. Jetzt stellt auch eine Informationswissenschaftlerin in Frage, ob diese Kompetenzen fachunabhängig erworben werden können.[84]

---

83 Wilder, Stanley: „Information Literacy Makes All the Wrong Assumptions", in: Chronicle of Higher Education Januar 2005: http://chronicle.com/article/Information-Literacy-Makes-/21377/ (kostenpflichtiges Archiv).

84 Vgl. May, Monika: Fachspezifische Vermittlung von Informationskompetenz in der Universität: Umsetzung und Akzeptanz am Beispiel des Faches Biologie der TU Darmstadt, Berlin 2008, (Berliner Handreichungen zur Bibliotheks- und Informationswissenschaft). Ein Schulfach fordern Sonja Gust von Loh und Wolfgang G. Stock (Hrsg.) in: Informationskompetenz in der Schule. Ein informationswissenschaftlicher Ansatz, Berlin und Boston, Mass. 2013.

Wer Suchmaschinen benutzt, braucht Fachwissen, um die richtigen Suchwörter zu verwenden und die Qualität der Treffermeldungen beurteilen zu können. Wie soll ein 15-jähriger, der auf der Suche nach einer Islam-Definition auf der Webseite der Iranischen Botschaft gelandet ist, erkennen, dass er einseitig informiert wird? Dabei hat er die formalen Evaluationskriterien für eine Webseite positiv beantwortet: Die Seite enthält ein Impressum, sie ist kürzlich aktualisiert worden, der Text ist verständlich formuliert und grammatisch, soweit der Schüler das beurteilen kann, korrekt.[85]

Wie kann nun Informationskompetenz angemessen für die Schule genutzt werden? Zuerst einmal: Man sollte den Kompetenzbegriff vermeiden, um die Akzeptanz in der Lehrerschaft zu erhöhen. Warum nicht die älteren, in der Schule weniger umstrittenen Begriffe Recherchetraining, Arbeitstechniken, wissenschaftspropädeutisches Arbeiten verwenden? Recherchetraining findet am besten in einem Unterrichtsprojekt statt, eingebettet in eine fachliche oder Fächer übergreifende Fragestellung. Isolierte fächerunabhängige Lehrgänge, in denen man lernt, das Munzinger-Archiv der Stadtbibliothek zu benutzen oder mit Boole'schen Operatoren die erweiterte Suche im bibliothekarischen Verbundkatalog trainiert, sind hierfür ungeeignet.

Es gab schon in den Lehrplänen des vordigitalen Zeitalters das Ziel, methodische Fähigkeiten und Fertigkeiten zu vermitteln, mit denen Informationen untersucht und bewertet werden konnten. In den Fächern Politik und Deutsch gibt es die Zeitungsanalyse, im Geschichtsunterricht werden Bilder und Quellentexte kritisch befragt. Im Deutschunterricht werden

85 Man denke an Themen wie Zensur in Suchmaschinen, personalisiertes Suchen, bezahlte Treffermeldungen, eigens für gefragte Suchworte produzierten Content von Firmen wie Demand Media. Es gibt Vermutungen, dass etwa 2/3 aller Nachrichten in den Medien von Kommunikationsagenturen aus Wirtschaft und Politik lanciert sind. Bei Schulbüchern und Quellensammlungen konnte man i. d. R. davon ausgehen, dass ein kontrollierter Entstehungsprozess und durchgesehene Neuauflagen für ein zuverlässiges Produkt sorgten. „Informationssouveräne" Schüler sollen nun durch Evaluation von Internetseiten diesen Prozess bei jeder Informationssuche erneut selbst durchführen und die ungefiltert nebeneinander stehenden unterschiedlich zuverlässigen Informationen auseinanderhalten. Das Attribut „informationssouverän" stammt aus einem Flyer des Bibliotheksverbandes BID, Bibliothek und Information Deutschland:
http://www.bideutschland.de/download/file/Medien-%20und%20Informationskompetenz.pdf

literarische Texte interpretiert. Das Schreiben von Referaten wird trainiert. Die Fallanalyse wird im politisch-historischen Unterricht benutzt, um am Beispiel eines Ereignisses die dabei zu Tage tretenden unterschiedlichen Interessen und Sichtweisen zu erkennen und den gesellschaftlichen Strukturen, die dem Vorfall zugrunde liegen, auf die Spur zu kommen.[86]

In der schulischen Realität mögen Arbeits- und Recherchetechniken nicht konsequent genug eingeübt, von Lehrer zu Lehrer unterschiedlich gut unterrichtet worden sein. Es sollte qualifizierte Schulbibliothekare geben, die das Recherchetraining sinnvoll in schulische Lernprozesse einbringen können.

Mit der Hinwendung zu einer den gesamten Recherche- und Lernprozess umfassenden „guided inquiry", wie sie von der Bibliothekswissenschaftlerin Carol Kuhltau formuliert wird, kann das Konzept Informationskompetenz im Unterricht erfolgreich angewendet werden. Kuhltau spricht von kritischem Denken und „vertieftem Verständnis".[87] Da benennt sie Unterrichtsziele.

Je besser und schneller das Suchen und Finden klappt, desto eher kann man über Inhalte reden. Noch wichtiger als Suchen und Finden ist nämlich die Auseinandersetzung mit Inhalt und Gehalt des Gefundenen. Es muss Zeit bleiben, die gefundenen Informationen zu erörtern, zu verstehen und eigene Worte dafür zu finden. Das lernt man nicht im Internet.

Die soziale Funktion der digitalen Schulbibliothek

Der Inhalt von Büchern ist digitalisiert worden und auf Laptops, Tablets und iPhones abrufbar, Informationen sind bei Google Scholar und

---

86 Koechlin, Carol/Zwaan, Sandi: Informationen beschaffen, bewerten, benutzen, Mülheim 1998; Kliebisch, Udo/Rauh, Gregor: Keine Angst vor Referaten. Ein Lern- und Trainingsbuch, Mülheim 1996; Konnertz, Dirk/Sauer, Christiane: Tschüs dann. Die erfolgreichsten Arbeitstechniken fürs Abitur, Wien 1996; Verständlich informieren und schreiben. Trainingsprogramm Deutsch, von Friedemann Schulz von Thun u. a., Freiburg, Basel und Wien 71987 (1975); Kirckhoff, Mogen: Mindmapping. Einführung in eine kreative Arbeitsmethode, Offenbach [12]1998.

87 Kuhltau [1993].

anderen Cloud-Datenbanken zu finden. Diese „Bibliotheken" können an den Strand, in die S-Bahn, ins Bett mitgenommen werden. Wer die „Bibliothek" auf dem iPad hat, muss nicht mehr in die reale Bibliothek.

Es gibt Schulen, deren Bibliotheksräume jedoch häufiger besucht werden, obwohl sie die gedruckten Bücher ausgelagert haben, es herrscht sogar mehr Betrieb als vorher.[88] Auch wenn Schülerinnen und Schüler Tablets oder E-Books besitzen: Die Schulbibliothek wird als Lernraum genutzt, in dem produktiv und kreativ gearbeitet wird. Die „digital natives" brauchen diesen Raum auch zum „Abhängen". Ähnlich hatte es schon Johann-Günther König in seiner Dissertation 1986 an einer kleinen Stichprobe herausgefunden.[89]

Denn die Schulbibliothek hat auch eine soziale Funktion. Man wird darüber nachdenken müssen, ob Essen und Trinken erlaubt werden sollten. Braucht die Schulbibliothek einen Getränkeautomaten? Wird es Zonen der Stille geben müssen, in denen der Handygebrauch verboten ist?

Die Schulbibliothek als Selbstlernzentrum

Unterricht scheint heute oft eine Frage der Technologie geworden zu sein: Lehrer sollen Computer und Smartboards benutzen, Lehrer sollen den Schülern den richtigen Gebrauch von Programmen wie Powerpoint und von Suchmaschinen beibringen. Schüler und Lehrer sitzen vor Monitoren, neuerdings vor Tablets, sie arbeiten Checklisten ab und erwerben Kompetenzen. Sie lernen alleine. Es laufen Schulversuche mit Selbstlernklassen: In den 11. Klassen eines Zürcher Gymnasiums mussten sich die Schülerinnen und Schüler in den Fächern Deutsch, Mathematik, Chemie, Biologie, Sport und in zwei Fremdsprachen den Lehrstoff ein halbes Jahr lang weitgehend selbstständig beibringen. Zum Schuljahresbeginn erhielten sie die Stoffpläne. Einmal in der Woche durften sie – pro Fach – eine Stunde lang Fragen stellen und Nachhilfe einholen. Die Lehrer berieten per E-Mail

88 So äußert sich der Leiter der Cushing Academy; siehe S. 135.

89 „Freunde treffen" rangiert bei Haupt- und Realschülern gleichauf mit Lesen, bei Gymnasiasten steht es an dritter Stelle nach „Lesen" und „Referate anfertigen": König, Johann-Günther: Institutionen für fiktive Adressaten. Zur Funktion der Kinder- und Jugendbibliotheken im Kommunikationsprozess, Bad Honnef 1986, S. 211.

und in persönlichen Sprechstunden. Das Experiment funktionierte und wird wiederholt.[90]

Selbstständiges oder freies Lernen ist ein wichtiger Teil des schulischen Unterrichts. Man kann in den Projektwochen am Schuljahrsende, wenn der Lehrstoff durchgenommen ist und der Lerneifer nachgelassen hat, feststellen, wie motiviert plötzlich in weitgehend selbstbestimmten Projekten gearbeitet wird. Aber dies ist nur ein Element schulischen Lernens neben anderen. In Gymnasien, Privatschulen und Eliteinternaten wird selbstständiges und offeneres Lernen besser funktionieren als in Schulen in sozialen Brennpunkten. In der Mittelstufe den Schüler/-innen zu überlassen, ihren Lernweg selbst zu suchen, überfordert die meisten – auch schichtunabhängig. Daraus sollte also kein Unterrichtsprinzip für alle staatlichen Schulen werden. Dass selbst gesteuertes Lernen als Unterrichtsprinzip Schulleistungen verbessert und die Schüler intelligenter oder gar gebildeter macht, ist unwahrscheinlich.

Zu viel selbstbestimmtes Lernen überfordert insbesondere Schüler aus eher bildungsfernen Haushalten, die in verschiedensten Situationen Unterstützung und Hilfe benötigen. Lehrer müssen auch PISA-Risikogruppen, Seiteneinsteiger, lernschwache und verhaltensschwierige Schüler fördern. Dass diese sich ein halbes Jahr selbst motivieren können und diszipliniert lernen können, kann zu Recht bezweifelt werden.

Ein Selbstlernzentrum in der Schulbibliothek könnte allerdings hilfreich sein und zum Beispiel Differenzierung erleichtern. Hochmotivierte und Hochbegabte können mehr lernen. Die Schulbibliothek bietet „Entdeckungsreisen“ über den Rand des Schulbuchs hinaus in die Welt des Wissens und der Literatur. Es gibt Medien in der Schulbibliothek, die einem Schüler, der im Unterricht Verständnisprobleme hatte, den Lehrstoff auf angemessenere Weise erklären.

Eine Erwartung hat sich bei dem Selbstlernexperiment nicht erfüllt: Lehrer konnten nicht eingespart werden. Selbstlernzentren sind keine

---

90 „Mathe im Selbstversuch“, Die Zeit online, 6.10.2006 http://www.zeit.de/2006/19/B-Lernen_ohne_Lehrer_xml/seite-1

Selbstläufer. Fachlich, didaktisch und methodisch versiertes Personal wie auch eine pädagogische und technische Betreuung sind unverzichtbar.[91]

Klassenraum oder Schulbibliothek?

Oft ist die Schulbibliothek in Deutschland nur ein kleiner Raum in wenig zentraler Lage. Manchmal reicht der Platz gerade für die Ausleihe und Rückgabe von Büchern, also für die einfachste, aber unverzichtbare Form der Leseförderung. Eine moderne Stadtbibliothek, die mit Buchvorstellungen oder Bücherkoffern regelmäßig in der Schule präsent wäre, könnte das mit ihrem breiteren und aktuelleren Angebot besser. Die Existenz vieler kleiner und kleinster „Phantombibliotheken" in Schulen zeigt nicht zuletzt, dass die öffentlichen Bibliotheken lange Zeit zu wenig von ihren jugendlichen Benutzern her gedacht wurden. Man hat die Schulen nicht aufgesucht, ist den Schülerinnen und Schülern nicht entgegengekommen.[92] Das hat sich gebessert. Für die Schulbibliotheken wäre ein offensives „Marketing" von Jugendbibliotheken keine Konkurrenz, eher eine Entlastung.

Die gute Schulbibliothek wirkte schon im vordigitalen Zeitalter durch ihr Ambiente und ihre Atmosphäre. Während die Klassenräume von Schülern und Lehrern nach dem Unterricht fluchtartig verlassen werden (Grundschulen mit liebevoll gestalteten Lernräumen ausgenommen), kann die Bibliothek durch farbliche Gestaltung, einladende Sitzgelegenheiten und Alternativen zur frontalen Sitzordnung das Schulleben bereichern. Interessierte Schulleiter sorgen dort für Teppichboden statt Gumminoppenböden, für Trapeztische statt rechteckigen Schülertischen. Schulbibliothekare können von Buchhandlungen lernen, wie man Kunden anspricht; das beginnt schon am Eingang. Bei vielen Schulbibliotheken würde man nicht darauf kommen, dass sich hinter der Tür die Bibliothek verbirgt, wenn es nicht auf dem Türschild stände.

---

91 Vgl. die Twickenham-Academy, s. S. 140. Siehe auch Link 15 „Selbstlernzentrum in einer Grundschule".

92 Der Sozialpädagoge König beschreibt die Defizite deutscher Kinder- und Jugendbibliotheken in der Mitte der 80er Jahre. Er empfiehlt den Bibliothekaren, weniger an sich und ihre Institution zu denken, sondern an die Bedürfnisse ihrer Nutzer. Vgl. Fn 89.

Anhänger der Schulbibliotheksidee werden gerne konfrontiert mit der Aussage von Netzaktivisten, dass sich die Schulbibliothek überlebt habe. Die Bibliothek wäre auf dem iPhone, das Wissen der Welt sei überall, zu Hause, am Strand oder in der U-Bahn, mit einem Knopfdruck erreichbar. Das erinnert an eine Diskussion, die in den 80ern in den USA geführt wurde: In der Frühphase des Internets, als immer mehr Wissen digital verfügbar wurde, war man fast einhellig der Meinung, man brauche jetzt keine Universitätsbibliotheken mehr, jedenfalls keine Neubauten. Inzwischen hat sich die Internettechnologie revolutionär weiter entwickelt. Universitätsbibliotheken müssten noch überflüssiger geworden sein. Inzwischen werden aber wieder Universitätsbibliotheken gebaut! Was ist passiert?

Das lässt sich genauso gut am Beispiel der Schulbibliothek erklären: Auch wenn alle Schülerinnen und Schüler iPhone und E-Books im Ranzen haben werden, brauchen sie diesen Lernort. Hier liegt die Chance, die Rolle der Schulbibliothek neu zu definieren. Sie ist nicht länger ein isolierter Raum im Keller oder unter dem Dach der Schule. Sie wird nicht mehr allein von bibliotheksfachlichen Standards definiert. Sie überwindet ihre vier Wände. Die Bibliothek wird zur Schule, die ganze Schule wird Bibliothek.

Wenn die Schulbibliothek von der Schule her gedacht wird, ändert sich die Fragestellung – jetzt heißt es: Wie müssen Räume aussehen, in denen mit Büchern und digitalen Medien in unterschiedlichen Arbeits- und Sozialformen gelernt wird? Pädagogen kennen das Wort vom Raum als drittem Erzieher. In einer Umgebung, in der man sich wohlfühlt, lernt man besser. Gute Schularchitektur trägt zu besseren Lernergebnissen bei.[93]

In der Schule wird nicht im Gleichschritt gelernt, auch nicht im darbietenden Unterricht.[94] Alternative Unterrichtsverfahren sind handlungsorientiertes Lernen, freie Arbeit, Wochenplan, lernen in Kleingruppen, entdeckendes Lernen, fächerübergreifendes Lernen. Für diese Lernformen werden flexible Räume gebraucht, in denen man einen Stuhlkreis bilden oder Gruppentische zusammenschieben kann. Es lernt sich besser, wenn

93 Vgl. die Beispiele in: The Value of Good Design, hrsg. von Design Council Cabe, London o. J. (2002?), Link 46 (n)

94 Vgl. Fn 7.

Schüler mehr Platz haben. Vergessen wir nicht die Inklusion behinderter Kinder, etwa mit Rollstühlen. Man braucht eine flexible, veränderbare Raumausstattung. Die Informations- und Medientechnik muss nicht, wie heute noch üblich, durch die Flure zu den Klassenräumen gerollt oder getragen werden.

Die Schulbibliothek könnte das neue Klassenzimmer sein, könnte von der längst fälligen Neudefinition schulischer Lernräume profitieren und zum Motor der Veränderung des Lernens in der Schule werden. Ihre Hauptaufgabe ist dann allerdings nicht mehr die Aufbewahrung und Ausleihe von Büchern. Man könnte von einer „Entbibliothekarisierung" der Schulbibliothek sprechen. Der Raum der klassischen Schulbibliothek würde sich auflösen. Von der Schule und ihren Erfordernissen her gedacht könnten Räume entstehen, in denen in unterschiedlichen Sozial- und Arbeitsformen mit digitalen und nichtdigitalen Medien gelernt werden kann. Die Bibliothek würde zum Lernzentrum der Schule.

Zukünftig werden Schulbibliothekare ihre vier Wände verlassen, um in der gesamten Schule sichtbar zu werden. Die digitalen Schwarzen Bretter, die mittlerweile in den Eingangshallen, Mensen und Cafeterien hängen, zeigen dann nicht nur den Vertretungsplan, sondern die Cover neuer Bücher, ein literarisches Monatsrätsel oder Steckbriefe des Bibliotheksteams und Hinweise auf Veranstaltungen in der Schulbibliothek. Die Schulbibliothekare schicken ihren Schülern Informationen auf die Smartphones[95], nutzen den E-Mail-Verteiler des Kollegiums, sind im Lehrerzimmer präsent und machen Vorschläge. In den Fachkonferenzen weisen sie darauf hin, wo und wie die Bibliothek zum Unterricht beitragen könnte. Das funktioniert nicht nur im Deutschunterricht, sondern in einer ganzen Reihe weiterer Fächer. Auch da, wo es um reales Tun geht, im Schulgarten, in der Schulküche, im Werkraum, bei der historischen, geographischen oder biologischen Exkursion, kann sich die Schulbibliothek einbringen.

---

95 Sehr weit in die Zukunft verweist ein Blogeintrag in „ZBW Mediatalk" v. 28.3.2011, in dem Beispiele für Augmented Reality (AR) in öffentlichen Bibliotheken vorgestellt werden. Gemeint sind damit digitale Zusatzinformationen, die man abrufen kann, wenn man die Handy-Kamera auf ein Objekt hält. Eine Anwendung, die jetzt schon z. B. für touristische Stadtrundgänge genutzt wird. AR kann beim Zurechtfinden im Lesesaal helfen, kann zusätzliche Informationen zu einem Buch liefern oder sogar innerhalb eines Buches aufrufbar sein: Link 19 „Augmented Reality"

Der zukünftige Begriff „Schulbibliothek" beschreibt Einrichtungen, die nicht mehr nur Bücher ausleihen, sondern in die gesamte Schule hineinwirken und sie zur lesenden Schule machen. Sie bietet Räume mit hoher Aufenthaltsqualität – auch für die Computer- und iPod-Generation.

Die Schulbibliothek als Hybridmotor für Schulentwicklung

Computerisierung und „Internetisierung" der Schule machen vor der Schulbibliothek nicht halt, aber sie müssen mit Augenmaß erfolgen. So wie das Fernsehen nicht das Kino verschwinden lässt, der Staubsauger nicht den Besen überflüssig macht, so ersetzt der Computer nicht Papier und Bleistift und das E-Book nicht das Buch. Es wird einen Medienmix aus Büchern und digitalen Medien geben. Vor- und Nachteile einzelner Medien können in der Schulbibliothek erfahren werden.

Der Schweizer Informatiker Beat Döbeli, ein entschiedener Befürworter neuer Medien, hat Zitate zum Pro und Contra der Informations- und Kommunikationstechnologie in der Schule zusammengestellt.[96] Auf seiner Internetseite steht ein Satz, der bereits 1996 geschrieben wurde: „Der erste Internetzugang gehört nicht ins Informatikzimmer, sondern in die Schulbibliothek!"

Diese kann dann Innovationszentrum sein und auf die ganze Schule und den Unterricht ausstrahlen. Das Smartboard in der Bibliothek wird für Präsentationen gebraucht und kann zum Werkzeug von Projektgruppen werden. Wenn Beamer, Laptops, Handys und Smartboards zu besserem Lernen beitragen, dann gehören sie vor allem und zuerst in die Schulbibliothek. Positive Erfahrungen damit werden sich in der Schule verbreiten. Das Smartboard in jedem Klassenraum verführt jedoch zum digitalen Frontalunterricht: Der Lehrer, sicher nicht jeder, benutzt hier seinen USB-Stick mit den Unterrichtsvorbereitungen, die Schüler lassen sich das Tafelbild ausdrucken.

96 Link 04 (a) „Döbeli"; leider aktualisiert er diese Seite nicht mehr, aber sie bleibt lesenswert.

Viele Lehrer bevorzugen schon heute die Schulbibliothek als Arbeitsraum, wenn dort eine ausreichende Anzahl von Laptops und Rechnern zur Verfügung steht. Das entlastet sie von einigen zeit- und nervenraubenden Tätigkeiten. Sie müssen sich nicht mehr in die Benutzerliste des Computerraums eintragen und irgendwo den Schlüssel dafür abholen. Sie müssen nicht mehr befürchten, versehentlich Alarm auszulösen, oder brauchen nicht mehr mitten in der Unterrichtsstunde den Informatiklehrer um Hilfe rufen. Nicht nur bei Automotoren gilt „hybrid“ als fortschrittliches Attribut. Auch auf fortschrittliche Schulbibliotheken passt das Wort. Die Schulbibliothek ist Motor für Veränderung und Verbesserung von schulischem Lernen. Damit dieser Motor läuft, braucht man eine gute Mischung alter und neuer Medien, einen Medienmix. Die Schulbibliothek sollte nicht zum zweiten oder dritten Computerraum der Schule werden – die zukunftsfähige Schulbibliothek wird hybrid sein.

V. Die Personalfrage

Es müsste deutlich geworden sein, dass die „aktive" Schulbibliothek nur so gut ist, wie die in ihr wirkenden Menschen. Sie ist ein toter Raum, wenn qualifizierte und engagierte Fachleute fehlen. Sie bleibt toter Raum, wenn sie nicht mittendrin ist, mittendrin nicht nur, was die räumliche Lage im Gebäude oder auf dem Campus angeht, sondern auch mitten im Unterrichtsgeschehen und Schulleben.

Die Schulbibliothekarin sollte nicht mehr nur hinter der Ausleihtheke verbleiben und auf Lehrer und Schüler warten. Eine britische Grundschulbibliothekarin berichtet:

> „Meine Aufgabe ist es nicht, eine perfekte Schulbibliothek zu organisieren, sondern eine, die zu dieser Schule, zu den Bedürfnissen ihrer Lehrer und Schüler passt." Und: „Eine Schulbibliothekarin hat mehrere Hüte auf: Sie ist Lehrerin, Rechercheexpertin, Organisatorin, Beraterin, Ideengeberin."[97]

Wer wird in den Schulbibliotheken gebraucht? Bibliothekare, die sich mit dem Auftrag der Schule, mit deren Leitbild und Schulprogramm identifizieren und Lehrer und Schüler beim Lehren und Lernen unterstützen. Leseförderer, die zum kreativen und produktiven Umgang mit Literatur anregen. Rechercheprofis, die Schüler dabei unterstützen, richtig zu zitieren, verständlich zu informieren und anregend zu schreiben. Sie sollen Schüler begleiten können bei Schreibprozessen für Referate. Es sollen Medienpädagogen sein, die die Software kennen, mit der Fotos bearbeitet, Podcasts produziert oder Mindmaps angefertigt werden.

Ein Schulbibliothekar muss wissen, wie man Unterricht plant und durchführt, er muss über informations- und kommunikationstechnologische Kenntnisse verfügen und z. B. mit einem Kurs das Drehbuch für einen

97 Lucy Blakewell, zitiert in: Do schools need libraries and librarians?: http://spotwin.wordpress.com/2009/11/10/do-schools-need-libraries-and-librarians-a-teaching-assistant-and-award-winning-librarian-explains-why-they-do/

Videoclip schreiben oder einen Lehrgang „Präsentieren mit Powerpoint" innerhalb eines Unterrichtsprojekts im 9. Schuljahr durchführen können. Eine weitere wichtige Qualifikation des Schulbibliothekars ist die des Netzwerkers: Sie oder er sollte in der Lage sein, Menschen in der Schulgemeinde und im Umfeld der Schule zu finden, die ihn unterstützen können. Es gibt Eltern und Großeltern, die gerne vorlesen. Schüler, die ein besonderes Talent haben. Lehrer, die ihre Unterrichtsmaterialien zu Rhetorik, Arbeitstechniken und Literaturgeschichte zur Verfügung stellen – diese gilt es zu aktivieren und einzubinden.

Das wichtigste in der Schulbibliothek sind nicht der große Buchbestand und nicht die Zahl der Laptops und iPads, das wichtigste ist der Schulbibliothekar, sind die Menschen, die dort arbeiten. Der wichtigste Teil der Arbeit des Schulbibliothekars ist die Zusammenarbeit mit den Lehrern und das Netzwerken.

Der amerikanische Bibliothekwissenschaftler R. David Lankes fordert die öffentlichen Bibliothekare auf, ihr Rollenverständnis zu ändern. Im Mittelpunkt ihres Denkens soll nicht die Arbeit am Buchbestand stehen und die Ausleihe der Medien. Sie sollten vielmehr „change agents" werden, sie sollten den Menschen helfen, Ideen zu realisieren und die Bibliothek als Begegnungs-, Beratungs- und Gründerzentrum organisieren. Lassen wir dahingestellt sein, ob es dafür nicht schon längst andere Einrichtungen gibt. Ein Satz von Prof. Lankes passt, trotz aller Zuspitzung, auch auf den Schulbibliothekar: „Es ist der Bibliothekar, der die Bibliothek ausmacht, nicht umgekehrt. Ein Raum voller Bücher ist nur ein Bücherschrank. Ein leerer Raum, in dem ein Bibliothekar sitzt, ist dagegen eine Bibliothek."[98] Es ist nicht anders als in der Schule: Dort sind es die Lehrer, die am wichtigsten sind, nicht die Technologie.

Man kann auf den Schulbibliothekar übertragen, was Jere Brophy in seinen Beobachtungen von Unterricht herausgefunden hat [Brophy 1976]: Lehrer sind dann am erfolgreichsten, wenn sie Schüler ermutigen, sie für Lernfortschritte loben, ihnen etwas Unverstandenes noch einmal, auf

98 „It´s a librarian that creates a library, not the other way round. A room full of books is a closet. An empty room with a librarian in it is a library" in: R. David Lankes, Success Through Collaboration, http://vimeo.com/56771630

andere Weise, erklären, also wenn sie sich mit dem einzelnen Lernenden auseinander-, besser: zusammensetzen. Der Schulbibliothekar ist dann erfolgreich und hinterlässt Spuren in der Schule, wenn er Schüler beim Lernen unterstützt, ihnen etwas erklärt und ihnen zu Erfolgserlebnissen verhilft.

Schulen werden durch ständig neue Geräte nicht besser; für die Schulreform werden hochqualifizierte Menschen gebraucht. „Der Unterschied zwischen guten und schlechten Schulen wird bald so sein: In der einen arbeiten die Schüler mit Computern, in der anderen mit Menschen."[99] Derartig ausgebildete Personen fehlen in deutschen Schulbibliotheken. In Frankreich, Dänemark, den USA gibt es Studiengänge für Teacher-Librarians, in Deutschland nicht.

Die Berufswelt ist dynamisch. Wer in der Schule mit „Hinführung zur Arbeitswelt" befasst ist, bereitet seine Schüler darauf vor, dass sie im Laufe ihres Lebens verschiedene Berufe ausüben werden. In Berufsschulen entstehen relativ schnell neue Ausbildungsgänge, in denen auf veränderte Anforderungen in der Berufswelt reagiert wird; andere verschwinden dagegen. Ein gutes Beispiel sind Mechatroniker und Elektromechaniker. Dagegen erscheint der Lehrerberuf statisch zu sein. Spezialisierung und neue Ausbildungsgänge sind weitgehend unbekannt. Deutsche Lehrer sind es gewohnt, dass sie die neu auf die Schule zukommenden Anforderungen zusätzlich schultern müssen. Das wird sogar gesetzlich verankert, wie z. B. die erzieherische Aufgabe des Lehrers. Sie steht in den meisten Schulgesetzen gleichrangig neben der Wissensvermittlung oder sogar an erster Stelle. Bevor sich die Schulträger um die EDV in den Schulen gekümmert haben, waren es fast zwei Jahrzehnte Lehrer, die Kabel für Netzwerke gezogen haben und Server installierten, ja sogar die Schulverwaltungssoftware schrieben. „Verwaltungsoberstudienräte" managen Schulen in der Größe mittelständischer Betriebe.

In Hessen verlangte die Landesregierung einmal von den Schulträgern, „technische Assistenten" einzustellen. Als deren Aufgabe wurde u. a. auch die Leitung der Schulbücherei genannt. Bevor es dazu kommen konnte,

99 Der Satz stammt von Seth Godin, einem Buchautor, Unternehmer, Marketing- und Informatikfachmann; http://www.sethgodin.com

hatten es die Schulträger geschafft, diese Verordnung wegen der zusätzlichen Personalkosten „verschwinden" zu lassen.

Die Leitung der Schulbibliotheken wird jetzt als zusätzliche Aufgabe für Lehrer gesehen, die eine Beförderungsstelle anstreben. (Es gibt, anders als in der öffentlichen Verwaltung, nur wenig Beförderungsstellen für Lehrer, Gymnasiallehrer ausgenommen.) Mehrere hundert Oberstudienräte oder Rektoren für besondere Aufgaben leiten in Hessen Schulbibliotheken. Dies ist eine rechtliche Grauzone, denn die Schulbibliothek fällt ja in die Zuständigkeit der kommunalen Schulträger. Auch wenn die sich überfordert fühlen, nichtpädagogisches Personal in Schulbibliotheken zu beschäftigen, erwächst daraus noch nicht die Alternative, Landesbeamte in einer kommunalen Funktion zu verwenden. Einzige Ausnahme, aber als Präzedenzfall denkbar, ist die Leitung der kommunalen Medienzentren in den Landkreisen. Sie werden in der Regel von Lehrern geleitet. Dies wurde in den 30er Jahren des letzten Jahrhunderts gesetzlich festgelegt. In schulischen Stellenausschreibungen wird sicherheitshalber die Formulierung „Leitung der Schulbibliothek" vermieden. Stattdessen heißt es unangreifbar „Mitarbeit" oder statt Schulbibliothek wird einer der zahlreichen Alternativnamen verwendet: Wissenszentrum oder Selbstlernzentrum.

Die Erweiterung der Befugnisse von Schulleitern durch das Konzept der „Selbstständigen Schule"[100] schafft Spielräume beim Personaleinsatz. Da sollte es rechtlich möglich sein, Bibliothekare, Sozialpädagogen, Medienpädagogen ins Lehrerkollegium zu holen.

Viele Schulbibliotheken profitieren von den zahlreichen Maßnahmen für Arbeitslose. Mir sind in vielen Fällen Menschen begegnet, die ihre neue Arbeit in der Schulbibliothek mit viel Tatkraft und Engagement wahrnehmen. Schulleiter sind voll des Lobes und auch die Schülerinnen und Schüler schätzen sie. Natürlich gibt es auch gegenteilige Erfahrungen. Beklagenswert für die Schulbibliotheken, enttäuschend für die, die sich hervorragend eingearbeitet haben, ist dann aber, dass sie nach einem oder zwei Jahren, mit ein wenig Glück auch etwas länger, wieder auf der Straße stehen.

---

100 Link 16 „Selbstständige Schule"

Als Merkposten bleibt, dass nach einem pragmatischen Personalkonzept gesucht werden muss, einem Weg, wie man qualifiziertes Personal für multimediale und multifunktionale Schulbibliotheken gewinnt.

All diese Überlegungen bilden den Ausgangspunkt für eine Neudefinition von Schulbibliothek: Einer Schulbibliothek, in der qualifizierte und engagierte Teacher-Librarians mit Lehrern und Schülern zusammenarbeiten. Sie beraten und unterstützen in den Dimensionen Lesenlernen, Leseförderung, Recherchetraining, lehren kreativen Umgang mit Büchern und digitalen Medien. Die Schulbibliothek wird so zum Motor von Schulentwicklung. Sie befindet sich im Zentrum der Schule – mittendrin statt außen vor.

VI. Angebote und Möglichkeiten von zukunftsfähigen Schulbibliotheken

In den folgenden Beiträgen wird gezeigt, dass es die zukünftige Schulbibliothek schon gibt. Zuerst dreht sich alles um Bücher, digitale Medien, um die Recherche in diesen Medien und ihre Nutzung für das Lernen. Die Schulbibliothek ist der Ort, der für diesen Arbeitsprozess ausgestattet ist. Der Lernprozess selbst wird zum Thema. Allzu oft noch wird die Fähigkeit, ein Referat anzufertigen, von Lehrern vorausgesetzt und nicht in der Schule erworben. Eine Schulbibliothek, die über angemessene Ausstattung und qualifiziertes Personal verfügt, wird zum Wissenszentrum für alle Fächer.

Weiterhin geht es um die Entwicklung der traditionellen Leseförderung zur kulturellen Praxis.[101] In einer von digitalen Medien dominierten Welt kann sich die Schulbibliothek nicht aufs Lesen gedruckter Bücher beschränken. Sie ermöglicht den Zugang zu digitalen Büchern und anderen Medien. Sie wird multimediale Werkstatt. In ihr bekommen Filmvermittlung und Filmbildung einen Ort. Auch ein Film muss „gelesen" werden. Nicht zuletzt pflegt die Schulbibliothek das kreative Schreiben. Sie wird zum schulischen Ort für diese Praxis werden, die viel beiträgt zum Verstehen von Literatur. Die Medienwerkstatt Schulbibliothek stellt Verbindungen zwischen den Medien her. Im Vordergrund steht das eigene Tun. So kann ein Gefühl für ästhetische, literarische Qualität entstehen.

Eine weitere Komponente ist der Raum der Schulbibliothek. Längst geht es nicht mehr nur um ein paar Regale, ein paar Tische und ein Sofa vom Sperrmüll. Die Schulbibliothek mit ihren vier Wänden löst sich als abgegrenzter Ort auf und findet auf „Begegnungsflächen" zwischen Klassenräumen statt, im Gebäudetrakt der Jahrgangsstufe oder wird zu einem

101 „Kulturelle Praxis" ist ein in der hessischen Lehrfortbildung verwendeter Begriff, mit dem gemeint ist, dass möglichst viele Lehrer, nicht nur die, die für die einschlägigen Fächer ausgebildet sind, befähigt werden sollen, mit einfachen Mitteln musisch-künstlerische Aktivitäten in ihren Unterricht einzubeziehen. Sie ist eine der besonderen Bildungs- und Erziehungsaufgaben der Schulen neben dem Fachunterricht. Siehe Voigt [o. J.].

Ensemble von Räumen für die unterschiedlichsten Formen von Unterricht, zu „learning commons“.

Vor allem wird die Schulbibliothek Motor der Schulentwicklung sein. Sie kann das Lernen in der gesamten Organisation positiv beeinflussen. Das wird exemplarisch in der vierten Komponente gezeigt: Die Spezialisten, die in der Schulbibliothek arbeiten, sind der wesentliche Faktor. Dies wird aber auch das größte Problem sein: Sie müssen Lehrer sein und Medienpädagogen, sie sollten Bibliotheksmanagement kennen und etwas über Informationswissenschaft wissen. Und nicht zuletzt: gerne lesen.

Bücher, digitale Medien und Recherchetraining

Dr. Markus Fritz berichtet, dass es die Schulbibliothekare in den Südtiroler Schulen waren, die das Problem des Zurechtfindens im Meer der digitalen Informationen zu ihrem Thema machten und das Recherchetraining nach dem Konzept von Carol Kuhltau in den Fachunterricht einbettet haben.

Informationskompetenz und Schulbibliothek (Markus Fritz)

Schulbibliotheken haben in den vergangenen Jahren einen großen Wandel vollzogen: Sie haben sich zu multimedialen Lese- und Lernwerkstätten entwickelt. Die Erschließung und Bereitstellung von aktuellen Medien ist nach wie vor eine wichtige Aufgabe jeder Schulbibliothek, doch das genügt nicht mehr. Die multimediale Schulbibliothek muss auch einen Beitrag zur Vermittlung der Lese-, Methoden-, Informations- und Medienkompetenz leisten. Schulbibliotheken sind dann sinnvoll, wenn ihre Funktion, ihre Aufgaben und Ziele im didaktischen Konzept der Schule verankert sind und sie einen konkreten und messbaren Beitrag zur Unterrichtsentwicklung leisten.

Die multimediale Schulbibliothek kann zur didaktischen Innovation der Schule beitragen: „In der Lernwerkstatt Schulbibliothek löst sich die didaktische Einfalt der Schule auf: Ein Lehrer, eine Klasse, eine Stunde, ein

Fach, ein Buch."[102] Wo gibt es an Schulen einen geeigneteren Raum, der großzügig mit verschiedenen Arbeitsnischen für Gruppen- und Einzelarbeit konzipiert ist, zu dem alle Lehrkräfte und Schüler/-innen Zugang haben, wo individuelle Lernberatung stattfinden kann, in dem die Lernenden auf alle Medien (Bücher, Zeitschriften, Internet, ...) zugreifen können und der auch einen raschen Wechsel von individualisiertem und Gruppenlernen zulässt?

Ein solches, auf die Bedürfnisse der Lernenden ausgerichtetes Konzept, bedarf natürlich eines Wechsels im Selbstverständnis des Schulbibliothekars/der Schulbibliothekarin. Seine/ihre Rolle wird die eines Tutors, eines Lernbegleiters, der den Lernenden hilft, Lern- und Rechercheprozesse zu planen und durchzuführen. Pädagogische Aufgaben werden wichtiger als bibliothekarische. Es hat wenig Sinn, aus Schülern kleine Bibliothekare zu machen. Vielmehr muss im Arbeitsprogramm der Schulbibliothek das Lernen im Zentrum stehen, nicht die Bibliothek.[103] Bibliothekseinführungen und Rechercheübungen dürfen nicht zum Selbstzweck werden, sondern sie müssen in das pädagogische Programm der Schule eingebunden sein.

Informationskompetenz im schulischen Kontext

Schulbibliotheken sind pädagogische Einrichtungen, Schulbibliotheken sind Teil der Schule und somit eng mit dem didaktischen Konzept der Schule verknüpft. Daher muss auch die Informationskompetenz in einem breiteren Kontext gesehen werden: Eine ganzheitliche pädagogische Sicht auf den Rechercheprozess ist nötig. Die Informationskompetenz ist Teil von Lernkompetenz.

Seit kurzem gelten in Südtirol neue Rahmenrichtlinien für die Festlegung der Curricula.[104] Diese Rahmenrichtlinien gehen von einem veränderten Lernbegriff aus. Sie sehen die Ausrichtung des Lernens nach Kompetenzen und die Individualisierung des Lernens vor: Nicht das Anhäufen von

---

102 Vgl. Schlamp, Günter: Schulbibliotheksentwicklung im internationalen Kontext, S. 2: http://www.provinz.bz.it/kulturabteilung/download/Guenter_K._Schlamp_Printfassung.pdf

103 Ebd., S. 16.

104 Vgl. dazu die Homepage des Deutschen Schulamtes: http://www.provinz.bz.it/schulamt/schulrecht/383.asp

Wissen steht im Vordergrund, sondern die Fähigkeit, Informationen gezielt auszuwählen und in bedeutungsvolles Handeln umzuwandeln. Jede Schule entwickelt – ausgehend von den Rahmenrichtlinien – ein auf die jeweilige Schule zugeschnittenes Schulcurriculum, mit dessen Hilfe die Bildungs- und Kompetenzziele realisiert werden. Das Schulcurriculum umfasst die einzelnen Fachcurricula und die fächerübergreifenden Lernbereiche. Dieses Curriculum ist zentraler Bestandteil des Schulprogramms. Im Rahmen der fächerübergreifenden Lernbereiche könnte ein *Curriculum zur Vermittlung von Lernkompetenz (Lese-, Methoden,- Informations- und Medienkompetenz)* entwickelt werden, für welches die Schulbibliothek verantwortlich zeichnet.

Ein solches Curriculum kann natürlich nicht von einer Einzelperson entwickelt werden, sondern kann nur in Teamarbeit erfolgen. Es braucht die enge Zusammenarbeit zwischen der Schulbibliothekarin/dem Schulbibliothekar, den Lehrkräften und der Schulleitung. Bei der Ausarbeitung des Curriculums muss vor allem auf die Wechselwirkung zwischen den Fachcurricula und den fächerübergreifenden Lernbereichen geachtet werden. Beide sollen aufeinander abgestimmt sein und sich ergänzen. Für die Umsetzung sind dann die einzelnen Klassenräte (= die Lehrer/-innen einer Klasse) verantwortlich.

Konkret bedeutet dies, dass das Training der Informationssuche nicht von den Lerninhalten der Fächer getrennt werden darf. Ein „Trockentraining", bei welchem die Schüler/-innen in der Schulbibliothek oder in der Öffentlichen Bibliothek von der Bibliothekarin nur instruiert werden, wie man beispielsweise den OPAC nutzt oder im Internet recherchiert, ist wenig sinnvoll. Methodentraining und die Vermittlung der Informations- und Medienkompetenz sind wesentlicher Teil einer umfassenden Kompetenzvermittlung und somit eng mit dem Unterricht verzahnt. Und: Sie müssen über eine reine Benutzerschulung hinausgehen. Schulbibliothekar/-innen werden so zu Begleitern von Lernprozessen und arbeiten bei der Unterrichtsplanung und Durchführung eng mit den Lehrkräften zusammen.

Lernforschung und Konstruktivismus

Aus der Lernforschung wissen wir, dass Lernen mehr als die Sammlung von Informationen ist. Lernen ist ein aktiver kognitiver Prozess. Wichtig ist auch der Lernweg. Kinder und Jugendliche brauchen dabei Anleitung und Begleitung. Die Schüler/-innen sollen die Möglichkeit haben, ihren eigenen Lernprozess zu reflektieren. Dabei brauchen sie kompetente Beratung und Unterstützung. Es genügt nicht, wenn sich Lehrer/-innen auf das eigenverantwortliche Lernen berufen. Wichtig sind Hilfestellungen während des Lernprozesses. Dieser soll aufbauend und in Stufen erfolgen. Ross Todd spricht in diesem Zusammenhang vom „Knowledge building".[105] Die Aufgabe der Bibliothek beschränkt sich nicht darauf, Informationen bereitzuhalten. Der Schulbibliothekar/die Schulbibliothekarin darf die Lernenden bei der Recherche nicht allein lassen. Die Informationen dürfen nicht zu einer reinen Ansammlung von Fakten werden. Todd plädiert dafür, den Schülern beizubringen, „wie wir Information in ‚deep knowledge' transformieren können".[106] Dieser Transformationsprozess, der Erwerb von Wissen und Verständnis, muss organisiert werden. Schulbibliothekar/-in und Fachlehrer/-innen begleiten und unterstützen diesen Prozess, indem sie den Schülern beim Lesen, bei der Teamarbeit und beim Erwerb von Arbeitstechniken behilflich sind.

Lernkompetenz in der Schulbibliothek fördern

In der vom Amt für Bibliotheken und Lesen und dem Pädagogischen Institut herausgegebenen Publikation „Lernwelten.net"[107] wird versucht, einige der oben angeführten Überlegungen und Prinzipien umzusetzen:

---

105 Todd, Ross: Knowledge building. In: Informieren statt kopieren. Wege zur Informationskompetenz (Tagungsbericht). 2. Aufl. Wien 2009 (Arbeitshefte zur multimedialen Schulbibliothek 3), S. 11ff.

106 Ebd. S.13.

107 Fritz, Markus/Mairhofer, Elisabeth/ Patreider, Michael: Lernwelten.net. 3. Aufl. Bozen 2011 (Projektberichte aus dem Pädagogischen Institut 12).

- Informationskompetenz ist Teil von Lernkompetenz
- Bausteine für ein Curriculum zur Vermittlung von Lese-, Methoden-, Informations- und Medienkompetenz entwickeln, welche eng mit den Fachcurricula verknüpft sind

In den 6 Bausteinen, die verschiedenen Fächern zugeordnet sind, geht es um folgende Inhalte:

Baustein 1: Einführung in die Schulbibliothek (alle Fächer)

Baustein 2: Sensibilisierung für das Thema Lernen (alle Fächer)
Baustein 3: Recherchieren in den Medien der multimedialen Schulbibliothek (Biologie)
Baustein 4: Arbeitstechniken (Geschichte)
Baustein 5: Gestalten und Visualisieren (Mathematik und Physik)
Baustein 6: Präsentieren (Deutsch)

Die sechs Bausteine können die Basis für die Vorbereitung auf die Facharbeit sein, die die Schüler/-innen in der Abschlussklasse (Abiturklasse) abgeben müssen. Im Sinne des kompetenzorientierten Lehrens und Lernens sollten die für die Ausarbeitung und Präsentation der Facharbeit benötigten Kompetenzen langfristig und fächerübergreifend entwickelt und gefördert werden.[108] Empfehlenswert ist, wenn bereits in der Unterstufe Schüler/-innen im Unterricht erste Referate gestalten. Sie sollten schon während der Unterstufe Gelegenheit haben, möglichst viele dieser Kompetenzen beim Schreiben und Präsentieren von Kurzreferaten zu erwerben. Dabei ist es sinnvoll, diese Fertigkeiten in mehreren Fächern anhand eines verbindlichen Curriculums zu entwickeln. Die sechs Bausteine können die Basis für ein fächerübergreifendes Curriculum zur Vermittlung von Kompetenzen in der Unterstufe sein.

108 Vgl. Vorwissenschaftliche Arbeit. Eine Handreichung. Standardisierte, kompetenzorientierte Reifeprüfung an AHS. Wien 2011: http://www.bmukk.gv.at/medienpool/20130/reifepruefung_ahs_vwa.pdf

Um Lernkompetenz gezielt, systematisch und strukturiert vermitteln zu können, wurde ein Sieben-Schritt-Modell des Informationsmanagements entwickelt. Dieses Modell spiegelt sich in den sechs Bausteinen wider: [109]

1. Ziel der Recherche klären (Baustein 1 und 3)
2. Informationen suchen – in allen Medien der Schulbibliothek (Baustein 1 und 3)
3. Suchweg evaluieren (Baustein 3)
4. Informationen entnehmen (Baustein 3)Informationen aufbereiten und benutzen (Baustein 4 und 5)
5. Informationen präsentieren (Baustein 6)
6. Reflexion und Evaluation (Baustein 2 und 6)

Kernstück der sechs Bausteine ist Baustein 3 „Recherchieren in den Medien der multimedialen Schulbibliothek". Das beteiligte Fach ist Biologie. Im Mittelpunkt steht die Vermittlung von Informations- und Medienkompetenz. Es geht um den Umgang mit Lexika, dem OPAC, dem Internet, den Suchmaschinen und den verschiedenen Printmedien. Ein zentrales Element ist die Strukturierung des Rechercheprozesses. Die Lernenden üben mithilfe eines „Drei-Schritt-Modells" (Ziel der Recherche klären, Informationen suchen, Suchweg evaluieren) das Recherchieren in den verschiedenen Medien der multimedialen Schulbibliothek.

Großer Wert wird auf Schritt 1 gelegt. Bevor die Schüler/-innen mit der Recherche beginnen, muss ihnen klar sein, welches Ziel mit der Recherche verfolgt wird. Dazu sollten die Lernenden zunächst das eigene Vorwissen aktivieren und sich einen Überblick über das Thema verschaffen (z.B. in einem Lexikon oder bei Wikipedia). In einem nächsten Schritt geht es darum, das Thema einzugrenzen. Schüler/-innen tendieren oft dazu, viel zu umfangreiche und nicht zu bewältigende Themen auszuwählen. Deshalb ist es in der Phase der Themenfindung eine wichtige Aufgabe der Lehrperson bzw. der Bibliothekarin, Anregungen zur Konkretisierung bzw. zur Einengung des Themas zu geben.

Wenn das Thema klar definiert und eingegrenzt ist, empfehlen wir, das Thema in seinen Detailaspekten aufzuschlüsseln und Fragen zu stellen und

109 Vgl. Fritz [2011 - S. 10ff.]

Suchbegriffe zu finden. Die Schüler/-innen gehen dann mit konkreten Fragen und Suchbegriffen zum OPAC oder steigen ins Internet ein. Erst jetzt soll die eigentliche Suche beginnen. Die multimediale Schulbibliothek stellt eine Vielzahl von Medien zur Verfügung. Damit Schüler/-innen nicht nur Suchmaschinen und/oder Wikipedia als Informationsquelle nutzen, müssen sie die anderen Medien (wie. z.B. Fachbücher, Fachlexika, Zeitschriften u. ä.) kennen lernen. Sie müssen die Frage beantworten können: Welche Medien stehen zur Verfügung und welche sind der Fragestellung angemessen?

Viele der gängigen Rechercheaufgaben tragen wenig zum Lernen und zum Aufbau von Wissen bei. Ein Thema wie „Andreas Hofer und die Tiroler Freiheitskämpfe 1809" ist für die meisten Schüler/-innen nicht zu bewältigen, da es zu umfangreich ist, ihnen der Überblick über das Thema fehlt und sie Schwierigkeiten haben, das Thema und den Rechercheprozess zu strukturieren. Die meisten Lernenden werden Informationen sammeln und kopieren. Sie entwickeln keine eigene kritische Position und das gefundene Material wird kaum reflektiert. Es geht also darum, bibliotheksgestützte Rechercheaufgaben zu entwickeln, die über das bloße Sammeln von Fakten hinausgehen. Bei diesen Rechercheaufgaben oder Rechercheprojekten sollten die Lernenden (im Sinne von Todd's „deep knowledge") „neues Wissen" schaffen und das eigenständige, kreative und kritische Denken sollte gefördert werden.

Man könnte das oben genannte Thema „Tiroler Freiheitskämpfe" wie folgt umformulieren: [110]

<u>Aufgabe:</u>

Versetze dich in die Rolle einer Person, die zu dieser Zeit gelebt hat. Schreibe in dieser Rolle eine kommentierte Chronik (ein Tagebuch) der Ereignisse.

<u>Vorgaben:</u>

Die Chronik (das Tagebuch) soll mindestens fünf Einträge enthalten.

---

110 Die Anregung verdanke ich Nathalie Mertes.

Ergänze die Einträge durch visuelle Materialien.

Erstelle eine kommentierte Bibliographie: Sie sollte mindestens drei Printmedien und drei Internet-Seiten enthalten.

Solche Rechercheprojekte bedürfen der Beratung und Begleitung durch den Schulbibliothekar/die Schulbibliothekarin und die Lehrkräfte. Bei der Evaluation wird nicht nur das Endprodukt, sondern auch der Rechercheprozess bewertet. Wir empfehlen, auch den Rechercheprozess zu evaluieren, um Plagiate zu vermeiden, um Schwächen von Schülern rechtzeitig zu erkennen und unterstützend eingreifen zu können.

Es liegt auf der Hand, dass solche Rechercheprojekte eng mit den Fachcurricula verknüpft sein müssen und Schulbibliothekar/-in und Fachlehrer/-innen eng zusammenarbeiten.

Wenn Schüler/-innen in die Bibliothek kommen, arbeiten sie häufig für ein Projekt oder ein Referat. Sie recherchieren und finden Material. Sie lernen dabei, zu recherchieren und Informationen zu finden. Sie lernen aber häufig nicht, wie sie mit diesen Materialien umgehen sollen. Sie haben Schwierigkeiten, die gefundenen Informationen zu verarbeiten. Häufig kopieren sie Texte und fügen diese unreflektiert in den eigenen Text ein. Dies führt zur allseits beklagten „copy and paste“-Methode. Besonders an diesem Punkt müssen Bibliothekar/-innen und Lehrkräfte gemeinsam ansetzen. Wir müssen den Schüler/-innen nicht nur behilflich sein, Informationen in den verschiedenen Medien der multimedialen Schulbibliothek zu suchen und zu finden, sondern ihnen auch bei der Weiterverarbeitung zur Seite stehen. Wie können sie ihren eigenen Text, ihre eigene Arbeit, ihr Referat anfertigen? Wie können sie im Sinne von „deep knowledge“ Wissen und Verständnis aufbauen? Viele Schüler/-innen plagiieren, da sie bei den notwendigen Zwischenschritten vom Suchen und Finden bis zum fertigen Produkt Schwierigkeiten haben. Viele der Übungen in den Bausteinen 4 und 5 zielen auf die Vermittlung von Methodenkompetenz ab. Die Schüler/-innen lernen u.a. Lesetechniken wie z.B. das überfliegende Lesen, Lesen von nicht-linearen Texten (Diagramme, Statistiken u. ä.), Arbeitstechniken wie z.B. Markieren, Strukturieren und Zitieren. Sie lernen erste Schritte zum wissenschaftlichen Arbeiten und wie man beispielsweise Zitate in den eigenen Text einfügt.

Diese Beispiele zeigen, dass Bibliotheksaufgaben, Übungen zum Umgang mit der Bibliothek, Übungen zum Recherchieren und Methodentraining nicht Selbstzweck, sondern eingebettet in ein didaktisches Konzept zur Vermittlung von Kompetenzen sind. Somit kann die Schulbibliothek zu einem Zentrum des Lernens werden. Sie übernimmt bei der Vermittlung von Kompetenzen eine wichtige Rolle.

Unterrichts- und Qualitätsentwicklung

Für Südtiroler Schulbibliotheken wurden Qualitätsstandards entwickelt.[111] Der Einführung von Qualitätsstandards und dem dazu gehörenden Qualitätssicherungsverfahren liegt die Überlegung zugrunde, dass die Qualität der Arbeit in einer Schulbibliothek Einfluss auf den Lernerfolg der Schüler/-innen hat. Daher ist ein Qualitätsmanagement notwendig, das hilft, die eigene Arbeit zu überprüfen.[112] Viele Qualitätsstandards zielen auf die Verbesserung der Lese- und Informationskompetenz der Schüler/innen ab. So kann beispielsweise eine Bibliothek im Bereich „Bibliotheksdidaktik" die Höchstpunktezahl erreichen, wenn „ein mehrteiliges, aufeinander aufbauendes Programm zur Vermittlung der Informations- und Medienkompetenz umgesetzt wird, das in die Curricula eingebunden und für alle Schüler/-innen verpflichtend ist".[113]

Ausblick

Aus Sicht des Bibliotheksamtes gilt es nun, die Schulen bei der Entwicklung eines Curriculums zur Vermittlung von Lernkompetenz (Lese-, Methoden,-Informations- und Medienkompetenz) zu unterstützen. Vielleicht gelingt uns eines Tages die Verwirklichung einer Vision: ein Curriculum, das vom Kindergarten bis zur Universität reicht.

---

111 Siehe S. 156ff.

112 Vgl. Volgger, Karin: Entwicklung von Qualitätsstandards für Südtiroler Schulbibliotheken. Bachelorarbeit an der Hochschule der Medien. Stuttgart 2009.
http://opus.bsz-bw.de/hdms/volltexte/2009/674/pdf/Bachelorarbeit_Karin_Volgger.pdf

113 http://www.provinz.bz.it/kulturabteilung/bibliotheken/2475.asp

Qualitätssteigerung bei Referaten und Facharbeiten durch Einbeziehung der Schulbibliothek (Eric Oatman[114])

Am Beispiel der Bibliothek des Gill St. Bernhards College zeigt **Eric Oatman**, wie das funktioniert und welches Niveau Schülerreferate erreichen können, wenn sie vom Fachlehrer und vom Bibliothekslehrer gemeinsam intensiv betreut werden:

„Die Theorie der Superstrings“, „Auxin-Hormone“, „Das Sexualverhalten von Teenagern“ sind nicht etwa Themen von Seminararbeiten im Bachelorstudium – die hier genannten Facharbeiten stammen von Schüler/-innen der 11. Klassen der privaten High School Jill St. Bernards in Gladstone, New Jersey, USA. Sie wurden zum Abschluss eines sechswöchigen Kurses in Informationsrecherche, den alle Elftklässler durchlaufen, angefertigt.

Unter Anleitung der Oberstufen-Bibliothekarin und der Lehrer der naturwissenschaftlichen Fächer wählen die Schülerinnen und Schüler ein Thema, arbeiten aktuelle Forschungsberichte durch, fassen ihre Funde zusammen und nehmen Stellung. Die Schüler seien hoch motiviert, wenn sie ihren eigenen Fragestellungen nachgehen dürften und nicht die vom Lehrer oder dem Schulbuch vorgegebene Referatsthemen bearbeiten müssen, sagt Randi Schmitt, die Hauptbibliothekarin (head librarian).

Die freie Themenwahl ist für sie der Schlüssel zum Erfolg der Kurse. Die Kurse werden gemeinsam vom Bibliothekslehrer und dem Fachlehrer durchgeführt. „Wir haben verschiedene Sichtweisen. Erst durch die Zusammenarbeit wird das Projekt so gut“, sagt Physiklehrer Larry Bostian. Randi Schmitt und ihre beiden Kolleginnen sind vertraut mit dem Forschungsstand in den Naturwissenschaften. „Mein Kursplan basiert auf meinen fachlich-didaktischen Kenntnissen und dem Wissen darum, wie Schüler lernen“, sagt sie. Sie orientiert sich zudem an den Erkenntnissen der Informationswissenschaftler über Rechercheprozesse, nicht zuletzt daran, wie Bibliothekare in diesem Prozess wirksam intervenieren können.

---

114 Geringfügig gekürzte Übersetzung eines Textes von Eric Oatman, der unter dem Titel „Overwhelming Evidence“ in der Fachzeitschrift School Library Journal, 52/2006, S. 56-59, erschien (Link 24). Verwendung gem. Nachdrucklizenz von School Library Journal, Copyright 2012.

Es ist harte Arbeit für sie, aber auch für die Schüler. Mal eben durchwursteln geht in dem Kurs nicht.

Sie ist Mitglied eines Kollegiums von 93 Lehrkräften und Schulleitungsmitgliedern. Die Schule wird von 645 Schülerinnen und Schülern – vom Kindergarten bis zur Klasse 12 – besucht.

Randi Schmitt hat bei der Professorin Carol Kuhltau gelernt, wie Schulbibliothekare Schüler beim Recherchieren begleiten und wann und wie sie ihnen dabei am besten helfen können.[115] Carol Kuhltau, inzwischen emeritiert, und ihr Kollege Ross Todd sprechen von „guided inquiry"[116], einem angeleiteten Rechercheprozess, in dem der Schulbibliothekar eng mit dem Fachlehrer zusammenarbeitet und den Schüler während des gesamten Prozesses unterstützt („interveniert").

Die Schülerinnen und Schüler der Gill-St.-Bernards-Schule beginnen mit der „guided inquiry" beim Eintritt in die Mittelstufe, ab Klasse 7. Dafür ist die Recherchebibliothekarin Ginny Kowalski zuständig. In der Jahrgangsstufe 7/8 übt sie mit den Schülern die Recherchefähigkeiten wöchentlich in einer Doppelstunde. Drei Rechercheprojekte werden für jeweils acht Wochen in Klasse 7 und vier Projekte in Klasse 8 durchgeführt. Immer geht es um Themen aus dem Lehrstoff der Jahrgänge. Die Forschungsprojekte werden im Lauf der Schulzeit anspruchsvoller.

Prof. Kuhltau hat den Recherchevorgang in Anlehnung an frühere Informationssuche-Modelle (Big Six) in Teiletappen zerlegt. Sie beschreibt die Informationssuche als einen sehr komplexen Vorgang, bei dem nicht nur kognitive, sondern auch soziale und emotionale Faktoren eine Rolle spielen und auch Erkenntnisse aus Lerntheorie und Entwicklungspsychologie zum Tragen kommen. Mit den Schritten Sammeln, Auswerten und Präsentieren geht sie über die bibliotheksfachliche oder informationswissenschaftliche Betrachtungsweise von Informationssuche hinaus und begibt sich in den pädagogischen Bereich. Ziel ihrer Ausbildung für die

115 Kuhltau [1993]. Die neue Publikation lag mir noch nicht vor: Carol Kuhlthau, Leslie K. Maniotes and Ann L. Caspari: Guided Inquiry Design: A Framework for Inquiry in your School, Linworth 2012.

116 Link 21 „Guided inquiry".

Schulbibliothekar/-innen ist deren Fähigkeit, Orientierungswissen, Impulse und kleine Hilfestellungen geben zu können.

Die Schulbibliothekare lernen bei Carol Kuhltau, sich in den suchenden Schüler hineinzuversetzen. Durch Beobachtung erfahren sie, wie die Schüler lernen, wann und was sie verstehen, wo sie unsicher sind, wo sie Hilfe brauchen.

Für den Arbeitsprozess mit Schülern sind mindestens drei Interventionen üblich: Am Anfang, in der Mitte und zum Schluss. Der Anfang ist besonders kritisch. Man muss das Vorwissen klären, überlegen, was man eigentlich sucht, sich schließlich für einen Schwerpunkt entscheiden. Weiter geht es dann damit, Schülern zu vermitteln, was Recherchieren bedeutet, Hinweise zu geben, wie es weitergehen könnte. Eine Information gefunden zu haben, ist nicht das Ende der Recherche.

Fester Bestandteil der mehrwöchigen Rechercheprojekte ist die Reflexion des eigenen Lernprozesses. Da kommt es zu Aussagen wie: „Ich bin ja kreativer, als ich gedacht habe." Oder: „Manchmal sehe ich den Wald vor lauter Bäumen nicht. Ich mache es komplizierter, als es ist." Schüler denken über ihr Lernverhalten nach, erkennen, was ihnen leicht fällt und was nicht, z. B. welche Wahrnehmungskanäle sie bevorzugen: sehen, hören oder lesen.

Die Bibliothekare sehen, wie die Schüler an ihre Aufgabe herangehen und sie bewältigen. Sie erhalten Rückmeldung von den Fachlehrern. Sie führen im 7. Schuljahr mit jedem Schüler ein Gespräch über ihre Gewohnheiten und Fertigkeiten bei der Informationssuche. Im Laufe der Zeit kennen die Schulbibliothekare ihre Schüler/-innen gut und können besondere Stärken oder Schwächen berücksichtigen.

Gern erinnert Randi Schmitt sich an einen besonderen „Schlussstein" nach fünf Schuljahren Recherchetraining: Eine Lehrerin suchte nach einem belebenden Element für ihren Psychologiekurs in der 11. Klasse. Die Lehrerin willigte zögernd ein in diesen Vorschlag der Bibliothekslehrerin: Die Schüler sollten sich selbst ein Thema aus dem umstrittenen Bereich „Was ist angeborenes, was anerzogenes Verhalten?" wählen. Der Kurs wurde ein voller Erfolg und später verbindlich für alle 11. Klassen. 40 und mehr Stunden verbrachten Schüler damit, wissenschaftliche Texte zu lesen und zu verstehen. Mehrere Stunden arbeiteten die Bibliothekarinnen jeweils mit nur einem Schüler. Es gab lobende Äußerungen von Schülern über die gute Beobachtungsgabe und die eher indirekte Steuerung durch die Schulbibliothekarinnen.

Zu guter Letzt gibt es Zensuren: eine Gesamtnote, von der 50% auf die fachliche Leistung und 50% auf die Leistung im Rechercheprozess entfallen. Um zu zeigen, welche Wirkung die Arbeit in der Schulbibliothek auf die Unterrichtsqualität und die persönlichen Leistungen der Schüler hat, braucht Randi Schmitt nur auf die Referate und Facharbeiten sowie auf die positiven Rückmeldungen der Fachlehrer verweisen. Ein wesentlicher Faktor für diesen Erfolg sei auch die enge Kooperation zwischen Fach- und Bibliothekslehrern.

Multimediale Informationsrecherche im Fachunterricht (Hans Günther Brée)

Hans Günther Brée stellt vor, wie mit der Methode Mediaquest effektiv in digitalen und nichtdigitalen Medien recherchiert werden kann. Mediaquests sind Unterrichtsprojekte, in denen die Schülerinnen und Schüler selbsttätig eine Aufgabe lösen, indem sie Informationen sammeln, auswerten und die Ergebnisse präsentieren. Der Lehrer nennt die zu benutzenden Bücher und digitalen Medien. Der Schwerpunkt liegt nicht auf dem Suchen, sondern der Nutzung von Informationen zur Beantwortung von Fragen oder zur Lösung einer Aufgabe.

„WebQuests folgen dem Grundsatz:
Einsatz des Computers und der Neuen Medien nur, wenn sie anderen Medien und damit verbundenen methodischen Ansätzen überlegen sind und ein besseres Lernarrangement ermöglichen (keine exklusive Nutzung des Internets)".[117]

Schon im Jahr 2000 schrieben die Autoren in einer der ersten zum Thema Schulbibliotheken erschienenen Publikation: „Dabei beschränkt sich die Informationsbeschaffung nicht nur auf die herkömmlichen Printmedien Buch und Zeitschrift, sondern bezieht alle Medien innerhalb und außerhalb der Schule mit ein [...] Die Schulbibliothek ist die geeignete ‚Auffahrt zur Datenautobahn', um z. B. aus dem weltweiten Internet Informationen, Daten, Anregungen usw. zu beschaffen."[118]Ausgangspunkt war und ist damals wie heute, die Schulbibliothek, die Mediothek – auch unter veränderten Parametern – so zu definieren und auszustatten, dass sie dazu beiträgt, die Qualität von Unterricht zu steigern.

Nun sind wir längst im digitalen Zeitalter angekommen und für die Schulbibliotheken gilt es zu überprüfen, wie ihre multimediale Ausgestaltung konkret auszusehen hat. Wesentliches Merkmal und weiterhin gültig für den Lernort Schulbibliothek ist die unverzichtbare Verzahnung mit dem

117 http://www.edupage.de/index.php?Didaktik:WebQuests

118 LAG Schulbibliotheken in Hessen e.V./Hessisches Landesinstitut für Pädagogik (HeLP) (Hrsg.): Lust? Last? Luxus? Schulbibliotheken in Hessen, Wiesbaden 2000, S. 12.

Unterricht, mit den Fachcurricula. Das bedeutet, dass sich der Bestand der Bibliothek an den Inhalten des Fachunterrichts orientiert.

Nicht zu leugnen ist aber, dass die Schülerinnen und Schüler zur Bewältigung ihrer Vorhaben, Aufgaben, Referate und Präsentationen in den diversen Prüfungen der verschiedenen Schulformen fast ausschließlich das Internet nutzen. Und wenn der Lehrer[119], der dem Rechnung trägt, in seinem Unterricht auf aktuelle Informationen aus dem Internet nicht verzichten möchte, sollte er sich, wenn er seine Schüler selbstständig recherchieren lässt, der Tatsache gewiss sein, dass damit möglicherweise ein immenser Zeitaufwand und unbefriedigende Ergebnisse verbunden sind – ungeachtet der zusätzlichen juristischen Probleme durch das „copy and paste". Für den Unterrichtenden stellt sich zudem die Frage, ob sich durch den Einsatz des Computers bzw. des Internets die Lernfähigkeit der Schüler verbessert.

Wie sich häufig Gespräche während des Unterrichts und anschließend in der Schulbibliothek anhören oder Situationen ablaufen, lässt sich anekdotenhaft, aber auch stereotyp für eine (unvorbereitete) Recherche skizzieren:

„Informiert euch mal über ..." – „Wir brauchen alles über ..." – „Geht mal an den Katalog und gebt die entsprechenden Stichwörter ein." – Schüler gehen zu den Regalen und überfliegen die Buchrücken. – Springt das erwartete Stichwort nicht sofort ins Auge, heißt es „Ihr habt nichts." – „Wir googeln!"

Wie hilflos die Schüler dann den millionenfachen Ergebnissen[120] gegenüberstehen, ist nicht verwunderlich, und ihre Recherche ist nichts anderes als Datenmüll. – Die anekdotenhafte Darstellung zeigt, dass viele Schülerinnen und Schüler sehr häufig planlos vorgehen. Diese defizitäre Vorgehensweise bei einer Informationssuche gilt zweifellos nicht nur für die Internetrecherche. Da dies in gleicher Weise auch bei der Recherche in den traditionellen Printmedien sichtbar wird, sind vor Jahren von Schulbibliotheksexperten

---

119 Zur besseren Lesbarkeit verwende ich – auch bei anderen Begriffen – überwiegend nur die weibliche oder nur die männliche Form, mitzulesen sind dabei immer beide Formen.

120 Die ungefilterte Google-Recherche ergibt für „Griechenland Antike" 6,9 Mill. Treffer, für „Mittelalter" 5 Mill., für „Nationalsozialismus" 5,4 Mill., für „Rechtsradikalismus" 3,2 Mill. und für „Demokratie" 4,3 Mill. Ergebnisse.

bereits Modelle entwickelt worden, die mit einer geregelten Abfolge einer Informationssuche helfen sollen, zu brauchbaren Ergebnissen zu kommen. Das „Verfahrensmodell“[121] fordert die Lernenden auf:

- das Ziel zu klären
- Informationen zu suchen und auszuwerten (recherchieren)
- die Informationen zu benutzen (selektieren, analysieren und organisieren)
- die Ergebnisse zu präsentieren (transformieren) und
- den Weg der Informationssuche zu beurteilen (evaluieren)

Die Adaption dieses didaktischen Modells auch auf die Internetrecherche korrespondiert mit dem 1995 in der San Diego Universität in Kalifornien entwickelten Lernarrangement Webquest® (WQ), ebenfalls ein didaktisches Modell mit einer einheitlichen Struktur zur effektiveren Nutzung des Internets, das zugleich „lost in cyberspace“, das bereits erwähnte planlose und ziellose Suchen im Internet, verhindert.

Wichtigstes Kennzeichen dieser Unterrichtsmethode ist die Beschäftigung der Lernenden mit dem Inhalt und nicht mit der Suche. Es bleibt Zeit, sich mit der Analyse, der Synthese und der Beurteilung der Ergebnisse zu beschäftigen.[122]

„Ein Webquest® ist eine didaktische Struktur, in deren Rahmen entdeckungsorientierte Schüleraktivitäten mit dem Internet (und anderen Medien) geplant werden.“[123] Diese Struktur der Webquest®-Methode gibt zugleich den Orientierungsrahmen für die Lernenden:

---

121 Hessisches Kultusministerium (Hrsg.): Leseförderung in der Praxis. Tipps, Hilfen und Konzepte für die Sekundarstufe I, Wiesbaden 2004, S.51; Pädagogisches Institut für die deutsche Sprachgruppe – in Zusammenarbeit mit LAG Schulbibliotheken in Hessen e.V. (Hrsg.): Lernwelten.net, Bozen, ^{2}2008, S. 54 ff.

122 Das Konzept wurde von Bernie Dodge und Tom March entworfen und von Heinz Moser am Pestalozzianum in Zürich weiterentwickelt. – Nach Dodge ist ein Webquest „an inquiry-oriented activity in which most or all of the information used by learners is drawn from the Web. WebQuests are designed to use learners' time well, to focus on using information rather than looking for it, and to support learners' thinking at the levels of analysis, synthesis and evaluation.“ (zit. n. http://edweb.sdsu.edu/WebQuest/overview.htm) ; siehe auch Links 23 a - d „Mediaquests/Webquests“.

123 http://www.globales-lernen.de/WebQuest/

1. Thema /Ausgangssituation
2. Aufgabenstellung mit Ressourcen-Angaben
3. Arbeitsprozess
4. Präsentation
5. Evaluation

Selbstständige Problemlösung, Formulieren eines Standpunktes, Analyse komplexer Sachverhalte und das Erstellen eines „Produkts", einer Präsentation bzw. eines Berichts, sind die Kernelemente eines Webquests® und beinhalten somit die Erwartungen an die Lernenden, die mit der Einführung, dem **THEMA** oder der Ausgangssituation[124] als Zielorientierung vorgegeben werden.

Neben der Beschreibung eines Falls kann auch eine spannende und anschauliche Frage stehen, die die Schülerinnen und Schüler herausfordert und motiviert, wie z. B. :

- Was haben Oliver Kahn und Gloria Delgado miteinander zu tun? *(Thema „Globales Lernen: Kinderarbeit")*
- Was hat der Krieg im Kongo mit meinem Handy zu tun? *(Thema „Globales Lernen: Tantal, der ‚Rohstoff, der den Krieg im Kongo zumindest teilweise am Laufen hält.'")*
- Drei Länder – drei Welten – drei Kinder: Wie wird ihre Kindheit aussehen? (Thema *„Globales Lernen: Lebensstandards Erste und Dritte Welt")*[125]

Die sich anschließenden **AUFGABEN** fokussieren die Problemstellung der Einführung. Hier hat der Lehrer die Möglichkeit, die Recherche – im Sinne einer Binnendifferenzierung oder auch jahrgangsbezogen spiralcurricular – zu beeinflussen und die Aufgaben den Interessen und Fähigkeiten der Schülerinnen und Schüler anzupassen. Sie verlieren sich nicht mehr so leicht im Internet, da sie sich mittels präziser Aufgabenstellungen,

124 Für den Unterricht im Lernbereich Gesellschaft eignen sich besonders Fallanalyse und Fallstudie, da die Schüler einerseits – nach F.-J. Kaisers ‚Sechs-Phasen-Lernmodell' – mit einem Fall „konfrontiert" werden, und andererseits der intendierte Perspektivwechsel möglich ist. (vgl. W. H. Peterßen: Kleines Methoden-Lexikon, München 1999, S. 93).

125 Vgl. http://lehrerfortbildung-bw.de/unterricht/lernpfade/kinderarbeit/s_materialien/ und http://www.europaschule-bornheim.de/cms/3welten/

Handlungsanweisungen und dem Jahrgang, der Klasse bzw. dem Leistungsniveau angepasster Materialvorgaben orientieren können.

Der dritte Teil der inhaltlichen Struktur eines Webquests® beinhaltet die zu bearbeitenden **MATERIALIEN** und **RESSOURCEN**. Hierbei sollte im Vorfeld geklärt sein, in welchem zeitlichen Rahmen das Webquest® durchgeführt werden soll und wie umfangreich folglich die zur Verfügung gestellten Ressourcen sein sollen: Soll nur eine konkrete Seite bearbeitet werden oder wird eine Linkliste zur Verfügung gestellt?

Bei den Webquests® handelt es sich dabei überwiegend um Hyperlinks auf nützliche und für die Schüler nach Inhalt, Sprache und Diktion verständliche Seiten, die auch in ihrem Aufbau (Struktur) für das Verständnis und die Weiterverarbeitung nicht hinderlich sind.

Der **PROZESS** der Erarbeitung beeinflusst bzw. bestimmt die Schüler- und Lehrerrolle. Die Schüler arbeiten selbstständig überwiegend in Gruppen, die sich über Vorgehensweise und Arbeitsteilung verständigen müssen, während der Lehrer sich mehr in einer beratenden Funktion wiederfindet, den Arbeitsprozess begleitet, Tipps gibt und mögliche Exkurse, wie z. B. über Recherchetechnik und Mindmapping, initiiert, denn eigenständiges Lernen erfordert Beratung und Unterstützung.

Zusätzliche Motivation vermittelt das am Ende des Erarbeitungsprozesses stehende „Produkt", die **PRÄSENTATION**, die sowohl online z. B. im schulischen Intranet, als auch offline als PowerPoint oder Poster-Session erfolgen kann. – Jedem Webquest® immanent ist die **EVALUATION**, die Bewertung mit der Frage nach dem Erreichten, der Qualität des Ergebnisses und möglichen Verbesserungen. Der Lehrer gibt Rückmeldungen über die erbrachten Leistungen z. B. anhand eines Beurteilungsbogens – ggf. auch aus dem Internet.[126]

Für die Schulbibliotheken und Mediotheken versucht die hessische LAG Schulbibliotheken seit einigen Jahren diese Methode zu propagieren, wobei wir die Webquest®-Methode nicht allein auf Internetquellen, sondern

---

126 Vgl. http://lehrerfortbildung-bw.de/faecher/gk/gym/nm/ib/webquest/wqallgemein /evaluation.htm

auch auf Bücher, Atlanten und Zeitschriften und andere Medien für die Informationssuche beziehen.[127] Durch die Recherche in und mit allen in der Schulbibliothek – real und virtuell – vorhandenen und jeweils auf konkrete Inhalte bezogenen Medien sind wir in der multimedialen Schulbibliothek angekommen – und nennen diese Arbeitsmethode im Folgenden Mediaquest[128].

Die didaktisch-methodischen Aspekte und Chancen dieses Mediaquests liegen – in der Zusammenfassung – auf der Hand:

- Projektorientiertes, multimediales Lernen
- Öffnung von Unterricht
- Eigenständiges, selbst gesteuertes und kooperatives Lernen
- Erarbeitung eines Unterrichtsthemas durch gezielte Informationsrecherche mittels vorgegebenem, zielgruppenorientiertem Material
- Verwendung von aktuellem und authentischem Unterrichtsmaterial
- Kein „lost in cyberspace" – sich verlieren im WorldWideWeb
- Variabilität unterschiedlicher Kompetenzstufen / Leistungsniveaus
- Anwendung schulform-, fächerübergreifend und zielgruppenorientiert

Im „Gegenlicht" des vorangestellten „Mottos" und den zusammengefassten Aspekten der Mediaquest-Methode kristallisiert sich die Chance für die Schulbibliothek heraus:

Durch die Vielfalt der Arbeitsmittel und den Einsatz realer und virtueller Materialien wird die Schulbibliothek zum Lernort, zur Lernwerkstatt. – Der „schlagende" Beweis ist die immer wiederkehrende Äußerung meiner Schülerinnen und Schüler: „Wir gehen in die Mediothek!" (so heißt die Schulbibliothek in meiner Schule) – das Indiz für den Lernort, an dem das Wissen der Schule gesammelt ist – und eine emotional angenehme Arbeitsatmosphäre herrscht.

---

127 Webquests: Entdeckendes Lernen mit dem Internet (und Büchern): http://basedow1764.wordpress.com/2012/02/02/webquests-entdeckendes-lernen-mit-dem-internet-und-buchern/

128 Webquest® ist als Wort geschützt und um mögliche Lizenzgebühren zu vermeiden, sprechen wir von Mediaquest – aber auch in Abgrenzung durch das Einbeziehen aller Medien in den Rechercheprozess.

Inzwischen gibt es eine Fülle von Webquests® bzw. Mediaquests für fast alle Fächer im Internet, die übernommen oder für die Klasse adaptiert werden können.[129] – Auf ein gut ausgearbeitetes WQ für die Sekundarstufe I (8. Klasse Hauptschule) zum Thema „Soziale Frage", mit dem die beschriebene Struktur stringent nachvollziehbar ist, möchte ich besonders hinweisen.[130] – Die Webquests®, deren motivierende Einstiegsfragen bereits erwähnt wurden, sind auch schon in der Praxis erprobt.[131]

Ein aus dem täglichen unterrichtlichen Alltag entstandenes Mediaquest zum Thema „Römische Geschichte – unter politisch-ökonomischem Aspekt", das das haptische Medium Buch – zumindest im Bereich der Lehrbücher – ergänzend zur Internetrecherche einschließt, wurde in Klasse 7 im Gymnasium eingesetzt.[132] Dieses Mediaquest zur römischen Geschichte arbeitet im Bereich der Einführung und der Aufgabenstellung mit motivierenden Videoclips, die den Schülerinnen und Schülern einen Überblick über die zu bearbeitende Aufgabe geben sollen.

Denkbar ist aber auch, dass mit gezielten Videoclips innerhalb des Lernarrangements Mediaquest eine ergänzende Lernumgebung geschaffen wird – eine Kombination aus einem Videoclip und einer darauf bezogenen Aufgabenstellung – ein VideoClipQuest (VCQ)[133] als Teil bzw. Element des Mediaquests in den Strukturbereichen Materialien und Ressourcen.

Wesentliche Aspekte sind, dass in der Aufgabenstellung die Schlüsselbegriffe des Themas nicht auftauchen dürfen; die Aufgabenstellung muss demnach so erfolgen, dass ihre Beantwortung ausschließlich durch das Ansehen des Clips erfolgen kann – eine weitere Form der Informationsbeschaffung.

---

129 Eine subjektive Auswahl: http://www.webquests.de/materialien/beispiel.html – http://mauswiesel.bildung.hessen.de/wissen/portal/webquest_mausiesel/index.html (Grundschule) – http://www.webquests.ch/public – http://webquests.grg21oe.at/

130 http://material.lo-net2.de/soziale-frage/.ws_gen/

131 http://www.europaschule-bornheim.de/cms/3welten/ – http://lehrerfortbildung-bw.de/unterricht/kinderarbeit/index.html

132 Römische Geschichte – unter politisch-ökonomischem Aspekt: http://basedow1764.wordpress.com/2012/07/27/webquest-2-ab-heute-mediaquest/ (Dort ist ein Link zur Datei.)

133 Blessing, Axel M./Schmid, Christine: VideoClipQuest als anregende Lernumgebung; in: Medienbildung – Wer beherrscht wen? Praxis Schule 5-10., H.5-2009, S. 8 ff.

Es bieten sich an: Videos zu historischen Themen[134], Trailer zu Spielfilmen oder Ausschnitte und Sequenzen aus Literaturverfilmungen. Die passenden Clips lassen sich in den einschlägigen Videoportalen wie YouTube, Teachertube, Clipfish oder MyVideo, um nur einige zu nennen, finden; auch einige Suchmaschinen und Fernsehsender bieten in ihren Mediatheken Videos an.

Multimediale Schulbibliotheken/Mediotheken erweitern ihren Bestand neben den Printmedien und dem unerlässlichen Internetzugang auch um eine „Sammlung" curricular wichtiger Videos, natürlich eingedenk der Urheberrechtsproblematik.

Das Erstellen von Videoclips für Präsentationen – und zum Thema Leseförderung in und mit der Schulbibliothek – war schon Thema in der hessischen Lehrerfortbildung und erweitert das Aufgabenspektrum der Schulbibliothek als Lernort.

---

134 Blessing, Axel M./Schmid, Christine: VCQ schafft Zugang zum Thema Drittes Reich; ebd., S. 38 ff. – Der Versuch, Betroffenheit mittels Videoclips herzustellen, in Ermangelung von Zeitzeugen.

Suchen und Finden in der Schulbibliothek: Der iOPAC (Susanne Drauz/Jürgen Plieninger)

Schülerinnen und Schüler verhalten sich nicht anders als Erwachsene: Sie googeln, wenn sie Informationen brauchen. Bibliothekare sollen aus Schülern keine kleinen Bibliothekare machen, sie sollen helfen, das Suchen zu vereinfachen.

Den digitalen Katalog der Schulbibliothek lassen Schüler gerne links liegen. Kann man den herkömmlichen Schulbibliotheks-OPACs ihre starre Einförmigkeit nehmen und daraus interaktive Plattformen machen, Elemente von Google und Web 2.0-Applikationen aufnehmen? **Susanne Drauz und Dr. Jürgen Plieninger** beschreiben den Weg dahin.

„Man muss nicht alles wissen, aber man muss wissen, wie und wo man es finden kann"

Der Katalog: Kerndienstleistung einer Schulbibliothek

Und um das im Motto angesprochene Finden zu beherrschen, benötigt man Recherchekompetenz, Informationskompetenz und eine Strategie zum Umgang mit der Informationsflut. Die Schulbibliothek stellt ein Übungsfeld unter idealisierten Umständen dar, wenn die Betonung auf Schule/Schüler (bzw. dem Lernen) und nicht auf Bibliothek/Bibliothekaren (bzw. bibliothekarischen Standards) liegt.

Der Bibliotheksgestützte Unterricht vermittelt neben dem Unterrichtsthema Fähigkeiten, die gemeinhin Medienkompetenz und Lesekompetenz genannt werden. Die Bibliothek ist zunächst der Dschungel, in dem sich die benötigten Informationen verbergen. Der Katalog macht die gezielte Suche möglich.

Eine Bibliothek bietet zwei Kerndienstleistungen. Das eine ist der **Bestand** (ganz gleich, ob es sich um Bücher oder elektronische Medien handelt) und sein Profil, *Bestandsaufbau* genannt. Das andere ist die **Erschließung** des Bestandes. Hier steht der Katalog im Vordergrund, dessen Zweck es ist, dem Benutzer einen möglichst *umfassenden* und *bedürfnisorientierten* Zugriff auf den Bestand zu ermöglichen.

Gerade hinter dem Wort „bedürfnisorientiert" verbirgt sich eine Problematik, die von Bibliothekaren oft nicht wahrgenommen wird. Man kann dieses Manko an der Betonung von Regelwerken und Katalogschulungen, die sich an diesen Regelwerken orientieren, festmachen. Die korrekte Anwendung von RAK (Regeln für die alphabetische Katalogisierung) wird mit Benutzerfreundlichkeit gleichgesetzt. Mittlerweile ist aber die „Usability" – die Anpassung des Services an die Bedürfnisse der jeweiligen Zielgruppe – die Messlatte für zukünftige Erweiterungen des Kataloges.

Nach handgeschriebenen Katalogen, Band- und Zettelkatalogen sind wir längst beim *elektronischen Katalog* angekommen, der den Benutzern im besten Bibliothekars-Denglisch als „OPAC" (Akronym für Open Public Access Catalogue) präsentiert wird. Lesen Sie einmal von Bibliotheken erstellte Anleitungs-, Schulungstexte und Tutorials daraufhin durch und Sie werden uns sicher zustimmen, dass auch dies auf die Haltung hindeutet, die/ der Benutzer/in möge sich der bibliothekarischen Praxis anpassen, nicht aber die bibliothekarische Praxis den Benutzern dienen. Wenn ursprünglich durch den Begriff „OPAC" herausgestellt werden sollte, dass hier im Unterschied zum Zettelkatalog etwas ganz Neues angeboten wird, so ist es heute schlicht normal, dass der Katalog elektronisch ist und über das Internet recherchiert werden kann. Damit möchten wir nicht behaupten, dass das überall so ist, aber die Erwartung der Nutzer ist berechtigterweise ein Webkatalog. Lange bevor der Bestand ortsunabhängig genutzt werden kann, ist auf dieses Weise seine Erschließung und Erkundung ortsunabhängig geworden. Die Benutzer sind nicht mehr gezwungen, die Bibliothek(en) aufzusuchen, um im Bestand recherchieren zu können. Sie können (oder könnten) mit dieser Möglichkeit eine Menge (Öffnungs-)Zeit sparen, die sie auf Recherchen verwenden müssen.

Doch so gewohnt der über das Netz nutzbare Katalog mittlerweile ist, die Weiterentwicklung ist in vollem Gange. Verschiedene Funktionalitäten wie Inhaltsangaben, Register, Cover, Empfehlungen zu ähnlicher Literatur sowie Merkmale von Web 2.0 wie Personalisierbarkeit, Listenerstellung, gemeinsame Nutzung und Erschließung sowie RSS können noch hinzukommen

– freilich mit unterschiedlicher Wahrscheinlichkeit. Technische, rechtliche und – nicht zu vergessen – wirtschaftliche Schranken machen es unwahrscheinlich, dass alles auf einmal eingeführt werden wird, zumal der wirtschaftliche Rahmen von Schulen und Schulbibliotheken sehr eingeschränkt ist.

Dennoch ist es wichtig zu wissen, in welche Richtung die Reise gehen soll. In diesem Artikel sollen die verschiedenen Versatzstücke eines „Katalogs der Zukunft" dargestellt und bewertet werden, um einen Blick auf den Horizont zu haben und Ziele anvisieren zu können. Wann der Aufbruch stattfindet und die Dauer der verschiedenen Verweilstationen, das ist Sache der (Schul-)Politik, der Finanzen und der Technik; ihre Durchsetzungskraft, Akzeptanz und Rahmenbedingungen die einer jeden Schulbibliothek.

Thema ist aber auch der „Katalog der Gegenwart" und seine bis heute vielfach unausgeschöpften Möglichkeiten Hier sollen deren Nutzen aufgezeigt, finanzielle und personelle Machbarkeiten erörtert und Argumente gegen bibliothekarische Vorbehalte geliefert werden.

Eines noch: unter Nutzern verstehen wir nicht nur die Schüler ...

Die Anreicherung des Kataloges

Ein Katalog besteht zunächst einmal aus bibliographischen Angaben zu jenen Titeln, die in der Bibliothek vorhanden sind, also Titelaufnahmen. Titelaufnahme ist nötig. Titelaufnahme ist von gestern. Titelaufnahme ist etwas für Bibliothekare. Der Katalog ist etwas für Leser. Was darf der Leser vom Katalog erwarten? Das was ein Kunde vom Buchhandel erwartet – und noch ein bisschen mehr.

Optisch ansprechen

Die Einbindung von Buchcovern ist zwischenzeitlich selbst in wissenschaftlichen Bibliotheken Standard. Bibliothekssysteme (d.h. die Software für Katalog und Bibliotheksverwaltung) übernehmen regelmäßig diese Cover automatisch, indem sie aus der ISBN Nummer einen Link generieren. Das Buchcover muss also nicht händisch eingearbeitet werden!

Neugierig machen

Eine Rezension oder eine Annotation erleichtert den Nutzern die Vorauswahl am Katalog ungemein. Im Zweifel genügt der Klappentext, der über die einschlägigen Online-Seiten des Buchhandels zur Verfügung steht und der urheberrechtlich ohne Bedenken übernommen werden kann. „Kopieren und einfügen" macht's möglich! Leser suchen thematisch. Leser unterscheiden nicht „Suchen bei Google, ebay oder Amazon" und „Suchen im Katalog". Sie bevorzugen deshalb die sogenannte einfache Suche. Diese Form der Kataloganreicherung bietet gleichzeitig eine einfache Möglichkeit, die Trefferwahrscheinlichkeit im Rahmen einer thematischen Suche zu erhöhen.

Die einfache Suche besteht aus einem Feld, in das der Suchende einträgt, was ihm in den Sinn kommt. Elektronische Kataloge bieten zwar regelmäßig Boole'sche Operatoren als Suchtechnik an, ungeübte Sucher können damit aber nur bedingt umgehen. Die „und" Verknüpfung wird vorausgesetzt. Der Leser, der im OPAC nach „Krimi, Mankell, Wallander" sucht, wird schnell frustriert die Segel streichen, wenn allein die bibliothekarische Regel zur Anwendung kommt, *dass ein Stichwort immer ein charakteristisches, sinntragendes Wort des Sachtitels oder des Zusatzes zum Sachtitel ist.*

Dem kann leicht abgeholfen werden, indem die Möglichkeit genutzt wird, die Annotation automatisch zu verstichworten und sich damit endgültig von der Welt der Karteikarten zu verabschieden. Selbstverständlich muss dabei ein Augenmerk auf den *Inhalt* der Annotation gerichtet werden. Der Aufwand ist nicht höher als bei einer Schlagwortvergabe, die Ausbeute an Stichworten, die den Leser zu dem gewünschten Ergebnis führen können, ist aber ungleich größer.

In Schulbibliotheken mit überwiegendem Sachbuch-Bestand wird es meist ausreichen, das Inhaltsverzeichnis/Table of Contents (im weiteren kurz ToC genannt) mit dem Katalogeintrag zu verknüpfen. Dieses Thema verdient ein eigenes Kapitel.

Zusatzinformationen bieten

Die Wikipedia in den Katalog einzubinden, ist ein kostenloser Mehrwert für den Leser. Der Katalog im Internet kann mit den Quellen des Internets vernetzt werden. Mancher Leser wüsste vielleicht gerne mehr über den Autor. Unabhängig von Qualitätsbedenken gegenüber Wikipedia-Artikeln bieten sie jedenfalls einen ausreichenden ersten informativen Einstieg. Durch die Beleganforderungen an einen Wikipedia-Artikel findet sich dort die Möglichkeit, tiefer in ein Thema einzusteigen. Viele Kataloge bieten in den letzten Jahren die Möglichkeit an, direkt aus dem Katalog in einem weiteren Fenster den Artikel über den Autor aufzurufen. Dieser Service wird ohne Zutun der Bibliothek automatisiert von der Software aufgebaut, indem ein Hyperlink aus dem Autorennamen gebildet wird.

Dieser Gedanke lässt sich im Bereich der Biographien fortführen. Bei Autobiographien ist der Service mit der Autorenverknüpfung ohnehin verfügbar. Es bietet sich an, dem Leser diese Dienstleistung auch bei auch bei Biographien und Lebensbildern anzubieten. Das Katalogisat von *„Mein verwundetes Herz" – Das Leben der Lilli Jahn (1900 – 1944)* wird durch eine Verknüpfung auf den Wikipedia-Eintrag von Lilli Jahn zu einer ansprechenden und möglicherweise sogar inspirierenden Fundgrube für den Leser. Er kann bei diesem Beispiel nicht nur einen weiteren Überblick über den Inhalt des Buches bekommen, sondern darüber hinaus erfahren, dass es sich um die Mutter des ehemaligen Justizministers Gerhard Jahn handelt.

Der Aufwand, den Hyperlink zu hinterlegen liegt bei circa zwei Minuten einschließlich der Suche bei Wikipedia. Die Schulbibliothek des Dietrich-Bonhoeffer-Gymnasiums in Schweich bei Trier setzt das konsequent um. Den OPAC erreicht man über die Homepage der Schule oder direkt über http://schweich.iopac.de. Wenn man bedenkt, dass sich die Links der Wikipedia kaum je ändern, ist auch der Pflegeaufwand bezüglich Linkänderungen, die bei Verlagserzeugnissen oft beachtlich ist, minimiert. Der Katalog wird auf diese Weise nicht nur zu einer Ergänzung des Auskunftsplatzes, sondern unterstützt das anzustrebende Image der Bibliothek als kompetenten Partner beim *lebenslangen Lernen*.

Wenn man das Beispiel Wikipedia noch weiterdenkt, kommt man schnell auf den Gedanken, dass es natürlich nicht notwendig ist, dass man ein

Buch über den Autor xy in der Bibliothek hat und dann den zugehörigen Wikipedia-Artikel verlinkt, sondern auch zu wichtigen Personen/Sachverhalten die Artikel selbst verlinkt. Und da sich dieser Gedanke nicht auf die Wikipedia beschränken muss, kommt man schnell auf die Tatsache, dass man für das Lernen relevante Webangebote vielfältiger Art in den Katalog einbindet:

Virtuelle Medien einbinden
1. eBooks

Bibliotheken, die verleihbare eBooks einkaufen, erhalten von manchen Anbietern die sogenannten MAB (Maschinelles Austauschformat für Bibliotheken) Daten, um die Medien in den Katalog einzubinden. Der Leser kann sich auf diese Weise in einem einzigen Katalog orientieren – Aufsatzdatenbanken müssen im Rahmen dieses Textes unberücksichtigt bleiben.

Aber auch Bibliotheken, die diese Dienstleistung nicht einkaufen können oder wollen, müssen auf eBooks nicht verzichten. Die „Klassiker" sind im Projekt Gutenberg in täglich wachsender Zahl zu finden. Amazon hat sich eingeklinkt und bietet diese Werke als kostenlose eBooks zum Download auf den Kindle-eBook-Reader an. Zwischenzeitlich gibt es auch einige Angebote an freien eBooks gerade im Bereich der Belletristik. So bietet beispielsweise der Knecht-Verlag Freiburg kostenlos Kirchenkrimis und historische Romane als eBook (derzeit nur als PDF). Diese Angebote können in den Katalog eingebunden werden, die Bibliothek verknüpft die Katalogdaten mit dem kostenlosen Fundstück. Der Nutzer hat unmittelbaren Zugriff auf das eBook und erhält gleichzeitig das Signal, welche Medienvielfalt geboten wird und welches Informationspotential im Bibliothekskatalog steckt.

Im Bereich der wissenschaftlichen Veröffentlichungen zeichnen sich weitere Neuerungen ab. Ein Musterbeispiel ist PaperC http://www.paperc.de. Drei Studenten entwickelten die Idee, eBooks als kostenlose Lektüre anzubieten. Wer aber kopieren möchte, muss bezahlen. Die einschlägigen Verlage unterstützen das Projekt Auch diese Medien können in den Katalog eingebunden werden – direkt verlinkt auf PaperC. Der Bibliotheksnutzer findet bei seiner Suche den Hinweis und wird direkt zum Buch geführt, wenn er sich vorher bei PaperC angemeldet hat. Das

Dietrich-Bonhoeffer-Gymnasium hat auf diese Weise einige Bücher zum Thema Journalismus eingebunden, die für das Jahrgangsprojekt „Projekt Medien" als Bestellwunsch geäußert worden war ...

Verzeichnisse zu solchen open access-eBook-Sammlungen gibt es etliche, leider oft nicht an prominenter Stelle.[135]

2. Internetseiten

Die Konkurrenz der Schulbibliothek ist das Internet, angeführt durch die Wikipedia. Napoleon wird der Satz zugeschrieben: *Wenn du einen Feind nicht besiegen kannst, verbünde dich mit ihm* oder die charmante Variante, der auch Napoleon erlegen ist: *Bella gerant alii, tu felix Austria nube.*

Der Bibliothekskatalog bietet grundsätzlich die Möglichkeit, für seine Nutzer „das zuverlässigere Google" zu sein – quasi Google mit Peer Review. Somit kann man ausgewählte Internetseiten in den Bibliothekskatalog übernehmen, die dann im Rahmen der Katalogrecherche zur Verfügung stehen. Der Gedanke erschließt sich vermutlich unmittelbar bei dem Hinweis auf die interaktive Seite des Anne Frank Museums http://www.annefrank.org/de/ oder des Fritz Bauer Institutes http://www.fritz-bauer-institut.de/ für das Thema Nationalsozialismus.

Statt der Anschaffung teurer Nachschlagewerke kann beispielsweise Gablers Wirtschaftslexikon online http://wirtschaftslexikon.gabler.de/ oder LEO, das Online Wörterbuch http://www.leo.org/ direkt in den Katalog eingepflegt werden – im Zweifel mehrfach für alle Sprachen, die an der Schule angeboten werden. Ebenso kann man Seiten mit Materialien wie http://www.zum.de/ einbinden. Hier eignet sich auch der Bildungsserver http://www.bildungsserver.de/ als Steinbruch zum Stöbern! Auch länderkundliche und statistische Seiten wie z.B. Nationmaster http://www.nationmaster.com bieten die Möglichkeit, Seiten und Abfragen per Link in den Katalog einzubinden.

---

135 http://www.diigo.com/user/jueplie/ebooks%20linksammlung

3. Powerpoint-Präsentationen und Projekte

Material ganz eigener Art bieten Präsentationen, die beispielsweise auf Slideshare http://www.slideshare.net/ oder im Netz mit einer Suchmaschinenabfrage unter dem Zusatz von „filetype:ppt" zu finden sind. Zum einen werden hier oft Sachverhalte kondensiert und strukturiert angeboten, zum anderen sind oft Visualisierungen von Themen enthalten. Wenn es Schülern normalerweise etliches abverlangt, zwischen einer Vielzahl von Folien zu einem Thema relevante Präsentationen herauszufinden, könnten Beispiele im Katalog qualitätvolle Präsentationen bieten.

Slideshare ist nur ein Beispiel für die Möglichkeit der Ablage im Netz, Scribd http://www.scribd.com wäre ein weiteres Beispiel aus dem Bereich des Web 2.0. Für die Schule gibt es mit diesen und anderen Möglichkeiten des Web 2.0 (man denke auch an Weblogs und Wikis) die Option, Projekte im Netz zu dokumentieren. Falls das geschieht, kann man auch diese Projekte in den Katalog übernehmen – ein Baustein für ein „Wissensmanagement" der Schule und ein Ansporn für Schüler, Präsentationen und Materialien sorgsam zu erstellen.

Table of Contents

Table of Contents, oft ToCs abgekürzt, kann man ganz einfach mit „Inhaltsverzeichnisse" oder „Inhaltsangaben" übersetzen. Im Fall von Zeitschriften sind damit neben den bibliographischen Angaben meist Inhaltsangaben, also Abstracts gemeint, im Fall von Monographien sind dies zumindest die eigentlichen Inhaltsverzeichnisse, die oft ergänzt werden durch Scans von Vorwort, Einleitung und dem so genannten „Apparat", sprich: Registern und Literaturverzeichnissen. Im weiteren Sinne wären hier auch Rezensionen hinzuzuzählen, sei es von Profis oder anderen Lesern, man denke hier nur an Amazon. Den letzten Aspekt behandeln wir in einem eigenen Abschnitt des Kapitels „Katalog 2.0".

- Wenn man Katalogdaten oder bibliographische Angaben in Datenbanken mit Inhaltsverzeichnissen ergänzt, fügt man den formalen Angaben einen entscheidenden *Mehrwehrt* hinzu:

Wenn die Bibliothek das Buch/den Aufsatz/die Zeitschrift in ihrem Bestand hat, so bieten durch Inhaltsangaben ergänzte bibliographische Angaben dem Benutzer die Möglichkeit, sogleich genauer abschätzen zu können, ob sich der Aufwand lohnt, das Werk bzw. den Aufsatz in der Bibliothek zu besorgen.

- Wenn die Bibliothek das Buch/den Aufsatz/die Zeitschrift nicht in ihrem Bestand hat, dann nutzt es dem Benutzer umso mehr, wenn er nähere Kenntnis vom Inhalt bekommt. Inhaltsverzeichnisse/Table of Contents bieten hier Funktionalität auf vielerlei Art und Weise.

- Insbesondere bei Zeitschriften kommt noch der Aspekt der Aktualität hinzu: Wenn Wissenschaftler den Inhalt neuer Zeitschriftenhefte, die lokal nicht verfügbar sind (eine Situation, die sich immer öfter ergibt) zur Kenntnis bekommen, haben sie die Möglichkeit, mittels der Inhaltsangaben einen Überblick über die laufende Entwicklung behalten zu können. Hier spielen „Alerting-Dienste", die von Verlagen, Datenbanken wie Ingenta http://www.ingentaconnect.com/ oder auch großen Wissenschaftlichen Bibliotheken entweder per E-Mail oder per RSS angeboten werden, eine wichtige Rolle, da so trotz lokaler Mangelversorgung ein angemessener Kenntnisstand über den State of the Art in der eigenen Profession gewährleistet ist.

Wir möchten zur Verdeutlichung zwei „best practice" Beispiele anführen, anhand deren Sie sich – für Monographien und für Zeitschriftenaufsätze – selbst anschauen können, wie hilfreich das sein kann:

- dandelon http://www.dandelon.com ist ein kooperativ erstellter Katalog wissenschaftlicher Bibliotheksbestände, der mit einem Suchschlitz auskommt und einen Mehrwert anbietet, eben die Inhaltsangaben der enthaltenen Bücher (bei den enthaltenen Artikeln sind keine Inhaltsangaben zu finden). Geben Sie in den Schlitz ein Suchwort ein, klicken die Suche an und – es kann sein, dass Sie ob der Ergebnisliste erschrecken. Sie ist ungewohnt mager, erst wenn Sie einen der Titel der Ergebnisliste anklicken, wird es plötzlich äußerst reichhaltig. Links sehen Sie dann oft das Cover, die bibliographische Beschreibung und viele Deskriptoren.

- „The Latest Journal Tables of Contents" http://www.journaltocs.hw.ac.uk/ ist ein vom britischen JISC angebotener Inhaltsdienst, der einen beachtenswerten Umfang hat. An seinem Beispiel kann man gut demonstrieren, dass Zeitschrifteninhaltsdienste mittlerweile eng mit RSS-Feeds verbunden sind, da hier die „Auslieferung" der neuen Informationen nur noch per RSS erfolgt. „Alerting-Dienste" für den Inhalt neuer Zeitschriftenhefte haben mittlerweile schon eine lange Geschichte, die mit Datenbanken wie Ingenta, Infotrieve und vielen anderen verbunden war, lange Zeit durch E-Mail ausgeliefert wurde. Die Journal-TOCs bieten den Vorteil, eine gute Übersicht und einen thematisch/zahlenmäßig breiten Bestand zu bieten.

Eine weitere Möglichkeit, zumindest weitere Angaben zum Inhalt anzugeben und teilweise sogar zum Volltext durchzureichen, bietet die Praxis von Wissenschaftlichen Bibliotheken, in den Katalog Links zu Google Books http://books.google.de einzuarbeiten und so den Nutzern die Möglichkeit zu bieten, dort die Inhaltsangaben abzuholen, bei vielen Büchern die Option wahrzunehmen, im Buchinhalt zu recherchieren und eventuell sogar den Volltext zur Verfügung zu haben; die Bayerische Staatsbibliothek (BSB) München verfährt beispielsweise so.

Table of Contents erschließen die neu erscheinende (Monographien- oder Zeitschriften-)Literatur, allerdings erweitert durch inhaltliche Angaben und erweitern so den klassischen Gebrauchswert der Erschließung von Literatur: Selbst wenn der Text selbst nicht verfügbar ist, so wird doch Transparenz über das geboten, was neu erscheint. Für die Nutzer bietet das die Möglichkeit, auf seinem Themengebiet up to date zu bleiben oder neue Themen recherchieren zu können. Wie sie/er dann die Literatur besorgt, ob über Kauf, Fernleihe oder Dokumentenlieferdienst, das ist der zweite Schritt. Der erste ist die Information und Erschließung, die durch Inhaltsangaben, wie in diesem Abschnitt geschildert, hervorragend unterstützt werden.

Einige Verlage stellen PDFs zur Verfügung. Interessant ist das vor allem, wenn die Angebote in irgendeiner Form mit der ISBN/ISSN in Zusammenhang stehen, weil dann der Vorgang automatisiert werden kann. Einige Beispiele: Dr. Otto Schmidt www.otto-schmidt.de, Gero von Holtzbrinck

Gruppe www.holtzbrinck.de mit Metzler, Thieme www.thieme.de oder Campus www.campus.de.

Die Links auf die PDF-Inhaltsverzeichnisse werden dann einfach an die Katalogisate angefügt und stehen in der Detailansicht zur Verfügung. Diesen Dienst bietet auch die DNB an. Bei deren Nachweisen finden sich PDFs, die über einen Link einfach übernommen werden können.

Für den Nutzer komfortabler ist es natürlich, wenn die Inhaltsverzeichnisse mit OCR (Abkürzung von *Optical Character Recognition*, also optische Zeichenerkennung) eingescannt werden und bei der Verknüpfung als Volltext indexiert werden. Jedes Wort aus dem Inhaltsverzeichnis steht dann bei der Stichwortsuche zur Verfügung. Anfänglich mag das verwirrend sein, weil sich die Treffermenge signifikant erhöht. Aber aus vielen Treffern kann man eine Suche herunterbrechen. Kein Treffer ist frustrierend ...

Recommenderdienste

Amazon zeigt es ständig: Empfehlungen à la: „Wenn Sie dieses Buch interessiert, könnte Sie auch jenes interessieren“ – die sogenannte „geführte Suche“.

Bibliothekarische Empfehlungen

Jede bibliothekarische Sacherschließung enthält naturgemäß gleichzeitig eine Empfehlung. Wer beispielsweise ein Medium über anorganische Chemie sucht, wird in einem mit der in Öffentlichen Bibliotheken verbreiteten Allgemeinen Systematik für Bibliotheken (ASB) erschlossenen Bestand über die Systematik „Udl 2“ fündig werden. Die Kataloge der Gegenwart bieten automatisiert die Möglichkeit, durch einen Mausklick *alle* Medien aufzuzeigen, die in dieser Gruppe erfasst wurden, um darin weiter zu recherchieren.

Die Verschlagwortung beinhaltet die Empfehlung andere Medien zu finden, die damit ebenfalls inhaltlich erschlossen wurden. Auch hier hat der Mausklick auf das Schlagwort oder die Schlagwortkette den Schlagwortkatalog abgelöst.

Die *Interessenkreise* haben in den letzten Jahren in Öffentlichen Bibliotheken zunächst die Belletristik und in letzter Zeit auch die Sachliteratur erobert. Offensichtlich bieten sie den Nutzern im Vergleich zu einer eng gestrickten Systematik einen Mehrwert, denn die Empfehlung orientiert sich am Inhalt des Buches und an einem für den Nutzer interessanten Thema.

Auch die *Antolin-Empfehlungen* (http://www.antolin.de/) für die einzelnen Klassenstufen können in Form von Schlagworten in den Katalog eingebunden werden.

Möglich ist es auch, im Katalog voreingestellte Suchen zu „gefragten" Themen zu hinterlegen, „geführte Suche" einmal wörtlich genommen. Die Stadtbücherei Preetz liefert ein Beispiel mit einer optisch angereicherten Form: http://stabue-preetz.dyndns.org/iopac/index.htm – dazu wird auf entsprechende Schlagworte/Stichworte zugegriffen.

Die Literaturempfehlungen eines Lehrers zu einer bestimmten Veranstaltung können im Katalog durchaus als Schlagwort hinterlegt werden – wenn man bereit ist, das bibliothekarische Regelwerk freizügig auszulegen ...

Maschinelle Empfehlungen

Eine Binsenweisheit als Prämisse: Eine automatisierte Empfehlung ist nur so gut, wie die Daten, auf die der automatisierte Dienst zugreifen kann. Aber was können Maschinen zusätzlich leisten, außer der Verknüpfung der bibliothekarischen Empfehlung? Sie können Zusammenhänge sichtbar machen.

1. Zusammenhänge durch Auswertung der bibliothekarischen Inhaltserschließung

Bunte Wörterwolken kennt man heute aus vielen Weblogs. Dort spiegeln sie die Häufigkeit der vergebenen „Tags" – der Schlagworte. Diese Wörterwolken gibt es auch für Bibliothekskataloge. Es handelt sich regelmäßig um Zusatzprogramme, die zugekauft werden und in die OPACs der verschiedenen Bibliothekssoftwarehersteller integriert werden können.

Die Systeme arbeiten grundsätzlich mit Suchbegriffen und wollen dann weiterhelfen, wenn man an diesem Punkt nicht weiterkommt. Dafür werden unterschiedliche Vorschläge gemacht. Hier die Beschreibung aus einem Hilfetext:

Schwarzgefärbte Worte sind freie **Assoziationen**. *Diese Wörter haben etwas mit deinem Suchauftrag zu tun und helfen dir bei der Suche weiter. Klicke auf ein schwarzes Wort, um deinen Suchauftrag in die richtige Richtung zu lenken. Beispiel: Du suchst unter dem Begriff „Watt". In der Wörterwolke erscheinen „Inseln" und „Deichen".*

Gelbgefärbte Worte *sind* ***Schreibvarianten***. *Manchmal gibt es mehrere Rechtschreibeformen eines Fachbegriffes oder es wurde ein Schreibfehler gemacht. Dann helfen dir die gelben Begriffe weiter. Klicke auf ein gelbes Wort, um dort die Ergebnisse zu sehen. Beispiel: Wath, Witt).*

Grüngefärbte Worte *sind* **Übersetzungen**. *Beispiel: Du suchst nach Seehund. Du siehst in der Wortwolke den Begriff „Zeehond", das niederländische Wort für Seehund.*

Blaugefärbte Worte *zeigen deinen* **Suchweg**. *Du fängst zum Beispiel mit dem Suchauftrag „Wattenmeer" an. Danach klickst du das Wort „Meer" an. Das Wort wird jetzt blau gefärbt.*

Die **Wortgröße** *in der Wortwolke gibt an, wie wichtig der Begriff im Zusammenhang mit deinem Suchbegriff ist.*

Für die Erheiterung sorgt gelegentlich die „Schreibvariante". Die Buchstaben des Suchbegriffes wurden automatisiert neu zusammengesetzt zu Begriffen, die das System gespeichert hat. Man kennt das Phänomen von der Word-Rechtschreibprüfung, die auch gelegentlich merkwürdige Alternativen vorschlägt oder von Google mit der Rückfrage „Meinten Sie vielleicht ...?" Oft genug „meinte man eben gerade nicht ..." Computer haben einen großen Vorteil, sie sind schnell. Computer haben einen großen Nachteil, sie sind dumm, können keine sinnhaften Zusammenhänge herstellen, wenn man ihnen nicht vorher beigebracht hat, dass es einen Zusammenhang gibt beziehungsweise umgekehrt. Der Versuch eines Vorschlages einer „Schreibvariante" ist kühn – und vermutlich derzeit noch zum teilweisen Scheitern verurteilt.

2. Zusammenhänge durch Auswertung der gespeicherten Daten und des Suchverhaltens

2.1 Das Beispiel Amazon

Gleich die Startseite von Amazon überschüttet den Besucher mit Empfehlungen:

– Sie haben sich angesehen
– Ihnen könnten diese Artikel gefallen
– Kunden, die dasselbe suchten wie Sie, haben gekauft
– Das interessiert Kunden aktuell
– Top-Neuerscheinungen Bücher

Was verbirgt sich dahinter?

Die beiden ersten Empfehlungen setzen ein Wiedererkennen voraus. Grundsätzlich sind zu unterscheiden:

Das Wiedererkennen des Gerätes, das die Seite besucht und die (vermeintliche) Wiedererkennung der Person. Zumindest die zweite Form beinhaltet ein datenschutzrechtliches Problem und setzt daher die Zustimmung des Besuchers voraus. (*Stichwort Leserkonto*)

„– Sie haben sich angesehen" analysiert die letzte Suche der wiedererkannten IP-Adresse und stellt den Zusammenhang mit dem Einkaufsverhalten anderer Kunden her.

„– Kunden, die dasselbe suchten wie Sie" analysiert die Suchhistorie der wiedererkannten IP-Adresse und stellt den Zusammenhang mit dem Einkaufsverhalten anderer Kunden her.

Die beiden anderen Empfehlungen sind unabhängig vom Interessenten und doch nicht profan.

„– Das interessiert Kunden aktuell" verweist auf die aktuellen Verkaufsschlager in allen Produktgruppen.

„– Top-Neuerscheinungen Bücher“ stellt die aktuellen Verkaufsschlager der Produktgruppe Buch dar, wobei nur neuerschienene (und neuerscheinende) Büchern berücksichtigt werden.

2.2 Das Beispiel Bibtip

Im Rahmen eines DFG-Projekts wurde Bibtip www.bibtip.de von der Universität Karlsruhe entwickelt. Der Dienst ist kostenpflichtig und für die meisten Bibliotheken derzeit nicht erschwinglich.

Es handelt sich um ausgefeilte Empfehlungen nach dem protokollierten Suchverhalten im OPAC der jeweiligen Bibliothek. Das führt zu unterschiedlichen Empfehlungen bei identischen Suchbegriffen und identischem Medienbestand. Eine Suche nach beispielsweise „Linux“ führt an der UB Karlsruhe zu anderen Empfehlungen als bei der Stadtbibliothek Frankfurt. Um den Qualitätsstandard zu erreichen, muss der OPAC intensiv genutzt werden, damit in einem überschaubaren Zeitraum die notwendige Zahl an verwertbaren Daten zusammenkommt. Dieser Schwellenwert wird wohl bei einer Schulbibliothek nicht erreicht werden.

Leserempfehlungen

Buchempfehlungen durch die Nutzer sind ein vieldiskutiertes Thema. Sie werden in einem eigenen Kapitel unter Katalog 2.0 erörtert.

Katalog 2.0

Was soll **Katalog 2.0** überhaupt bedeuten? Viele Bibliotheken sind stolz, wenn sie ihren Katalog mit einem Suchformular in ihre Webseite integrieren können. Ein Meilenstein! Gleichwohl ist das etwas Einseitiges: Der Benutzer recherchiert mit Hilfe des Suchformulars und bekommt Ergebnisse angezeigt (oder auch nicht). Wenn der Leser sich dieses Ergebnis merken oder für die Weiterverarbeitung übernehmen will, dann sind bei einem normalen Katalog verschiedene Schranken zu überwinden:

- die Titelangaben sind oft nicht in einem Format, das man gut weiterverarbeiten kann,

- man muss die Daten mittels der Copy-and-Paste-Routine herausnehmen und einfügen und
- dann wieder an die Textverarbeitung oder Literaturverwaltung mühselig anpassen.

Eigentlich bedeutet EDV doch, dass Daten vorhanden sind und beliebig exportiert und wieder eingefügt werden und dass hierbei möglichst keine Barrieren bestehen sollten. Und wenn man einmal in Richtung Web 2.0 blickt, kommt hinzu, dass man Daten beliebig abziehen, personalisieren und weiterverarbeiten können sollte. Der Konjunktiv zeigt schon: Zwar gibt es eine ganze Reihe von Anwendungen – Web 2.0-Instrumente wie RSS, Weblogs und Wikis – die das konzeptionell ermöglichen, andere Anwendungen sind aber weit davon entfernt. Interaktiv im Sinne von 2.0 bedeutet aber im weitesten Sinne, dass jeder seinen Beitrag innerhalb einer Internetseite erbringen kann und das Internet an seine persönlichen Bedürfnisse *anpassen* kann.

Die mittlerweile bekannten Anwendungsbeispiele sind Weblogs, Chatrooms, Diskussions-Foren und natürlich Wikis. Auf diese Weise entstand auch dieser Artikel – mittels eines gemeinsamen Wikis, zugänglich von jedem Internet-Arbeitsplatz der Welt. Bücherfreunde in aller Welt katalogisieren ihre Privatbestände in LibraryThing, sie nutzen fremde Datenbestände, erschließen Aufsätze, bewerten Bücher ... – sie *personalisieren* die Daten.

Bibliotheks-Kataloge sind mittlerweile auch über Browser verfügbar nutzbar, was liegt also näher als die Überlegung, den Benutzern entgegenzukommen und auch dem Katalog personalisierbare Funktionen und die Möglichkeit der Zusammenarbeit hinzuzufügen? Wobei freilich die Frage ist, was wirklich Bedürfnis einer größeren Zielgruppe und was minder prioritär ist. Spätestens im Studium arbeiten viele Nutzer mittlerweile mit Literaturverwaltungsprogrammen. Sie werden eher dort die Erschließungsarbeit (per Verschlagwortung) erledigen wollen statt im Katalog. Ebenso werden Arbeitsgruppen wahrscheinlich lieber auf einer der vielen sozialen Plattformen im Wissenschaftsbereich (CiteULike, Connotea, Bibsonomy, Researchgate, Scholarz etc. etc.) zusammenarbeiten statt im Katalog.

Was soll man sich nun unter „personalisierbar“, unter „Zusammenarbeit“ bei einem Katalog vorstellen?

- ich kann mir Titel nach Anmeldung „merken“ und in Listen gruppieren,

- ich kann meine Merklisten öffentlich machen, mit anderen teilen und/ oder gemeinsam (beispielsweise von Arbeitsgruppen) bearbeiten,

- ich kann mir RSS-Feeds zu Autoren, Systematikstellen und Schlagworten einrichten, so dass ich benachrichtigt werde, wenn neue Bücher von dieser Autorin, in dieser Systematikstelle oder mit diesem Schlagwort eingearbeitet werden. Noch besser freilich, wenn ich diese Merkmale kumulieren kann, so dass ich einen Feed habe, der mir Neuigkeiten zu allen mich interessierenden Autoren, Stich- und Schlagworten zukommen lässt,

- ich kann die Titelaufnahmen selbst verschlagworten („taggen“, d.h. mit „tags“ versehen), so dass ich zwar die von der Bibliothek angebotenen Schlagworte (wenn Bibliothekare im Spiel sind: RSWK) oder die proprietäre Verschlagwortung nutzen, aber durch eine eigene Taxonomie ergänzen kann. Wenn diese „privaten Schlagworte“ allen Nutzern sichtbar gemacht werden, können auch andere Nutzer mit ihrer Hilfe recherchieren. Genauso ist es möglich, dass Arbeitsgruppen gemeinsam ihr Arbeitsgebiet mittels „tags“ gemeinsam erschließen.

Am wichtigsten in dieser Liste und wohl auch am einfachsten zu verwirklichen ist die *Einrichtung von RSS-Feeds*. Online-Kataloge sind auf der Grundlage von Datenbanken realisiert und es ist leicht, Datenbanken beizubringen, bei jeder Aktualisierung eine XML-Datei zu erzeugen, die als Feed von Nutzern „abonniert“ werden kann. Selbst Aktualisierungen von Webseiten, die kein RSS bieten, kann man mit Hilfe des Dienstes Page2rss http://www.page2rss.com/ nachverfolgen bzw. in den Katalog einbauen. Man bietet Nutzern mit diesem Dienst zweierlei:

- enthebe ich sie damit der Notwendigkeit, immer wieder nachzurecherchieren, ob auf spezifische Suchanfragen Neues dem Katalog hinzugefügt wurde und
- kann jeder Nutzer so eine Sammlung relevanter Abfragen – nicht nur des Kataloges! – aufbauen.

Beispiel 1: Der Kölner Universitäts-Gesamtkatalog http://kug.ub.uni-koeln.de bietet viele personalisierbare Möglichkeiten, nicht zuletzt auch RSS. Freilich muss man bei einer Recherche bis zur detaillierten Anzeige eines Titels gehen, um die bekannten Symbole für ein RSS-Abonnement zu sehen. Man sieht sie beim Autorennamen sowie bei den Schlagwörtern, – man kann also Neueintragungen im Katalog unter diesen Lemmata sich per RSS zuschieben lassen. Die Crux: je mehr relevante Interessensgebiete und Autoren man hat, desto mehr Feeds muss man abonnieren.

Beispiel 2: Die UB der TU Harburg hat für dieses Dilemma eine Lösung erstellt. Unter http://www.tub.tu-harburg.de/mybibrss/mybibrss.php finden Benutzer die Möglichkeit, sich aus Systematikstellen und freien Suchanfragen einen integrierten Feed zusammenzustellen.

Das zweitwichtigste Merkmal, obwohl unklar, ob man es Katalog 2.0 zurechnen kann, sind Exportmöglichkeiten und Schnittstellen. Je einfacher ein Benutzer ein Rechercheergebnisse in die eigene Literaturverwaltung übertragen kann, umso besser. Am idealsten ist ein Klick („One click-philosophy"). Dabei sollte natürlich dort möglichst wenig nachzuredigieren sein, d.h. die Struktur der Titelaufnahme sollte automatisch in die Struktur der einzelnen in der Literaturverwaltung vorhandenen Publikationstypen „übersetzt" werden. In vielen Katalogen und Repositorien sind mittlerweile die Icons zu finden, welche signalisieren, dass man hier mit wenig Mühe die Daten exportieren kann.

Alles andere, was unter „Katalog 2.0" subsumiert wird, das Sich-Merken von Ergebnissen, das Gruppieren zu Listen, die Option, privat und öffentlich zu schalten, die Möglichkeit zur Anwendung einer eigenen Taxonomie – all' das kommt unter „ferner liefen". Man sollte mit der Option der „Aneignung" des Katalogs auch eher eine „Heimat" schaffen. Augenmerk sollte man auf die aktuellen Benachrichtigungen (RSS) und die Exportfähigkeit richten, da so Anschlussstellen für Nutzer und Projektgruppen geschaffen werden, die ihre Literatur eben nicht mit dem Katalog verwalten, sondern mit Literaturverwaltungsprogrammen, die ebenfalls schon viel mit dem Thema Katalog 2.0 zu tun haben können.

Einige Beispiele:

- LibraryThing http://www.librarything.de ist ein Dienst, auf dem Privatleute als auch Bibliotheken ihre Bücher katalogisieren können. Anhand der ISBN recherchiert man, liest die Daten ein, hat dann die Möglichkeit, tags=Schlagwörter zu vergeben. Auch Bibliotheken nutzen diesen Dienst liebend gern, bietet er doch viele Schnittstellen, die Daten wieder abzuziehen (beispielsweise Titel und Cover von Neuerwerbungen) und anderswo wieder einzuspeisen.

- Viele Studierende arbeiten mit Citavi, Zotero oder Bibliographix, die kostenlos eine Literaturverwaltung mit Recherche, Speicherung, Erschließung und eine Einpflege – in wunschgemäßer Zitierweise – in die Textverarbeitung bieten. Viele Wissenschaftliche Bibliotheken haben eine Dienstleistung daraus gemacht, Literaturverwaltungsprogramme zu schulen, da ihr Gebrauchswert außerordentlich hoch ist. Zotero und Bibliographix haben auch Optionen für die Zusammenarbeit. Zumindest für die Sekundarstufe II wäre dies auch eine Option für die Schulbibliothek. (Ein Vergleich von Literaturverwaltungsprogrammen ist hier http://mediatum.ub.tum.de/doc/1108526/1108526.pdf zu finden.)

- Es gibt auch wissenschaftliche Online-Literaturverwaltungen wie z.B. Bibsonomy http://www.bibsonomy.org, die schon seit längerer Zeit für Individuen und Arbeitsgruppen eine schnelle Einarbeitung und Erschließung von Titelangaben ebenso erlauben wie gemeinsame Erschließung. Ein schneller Download in eine lokale Literaturverwaltung und von dort in eine Textverwaltung ist möglich.

- Auch für Literaturbegeisterte gibt es Web 2.0-Empfehlungsdienste, in denen man seine Bücher ablegen und erschließen kann und gleichzeitig sieht, was andere mit ähnlichem Geschmack noch alles lesen ... Reliwa http://www.reliwa.de ist ein deutsches Beispiel für diese Gattung.

Fazit

Der herkömmliche Katalog und die herkömmlichen bibliothekarischen Methoden der Erschließung des Bestandes und von Literatur reichen nicht mehr aus. Kommerzielle Anbieter treffen die Informationsbedürfnisse von Benutzern weit eher; sie bieten zum einen weniger (bibliographische Angaben) und zum anderen mehr (Informationen zum Buch und zu ähnlichen Büchern). Für viele Theoretiker und Praktiker geht es darum, die Daten frei(er) zu lassen und sie angepasster, anpassbarer zu machen, so weit möglich. Wenn die Daten gefangen sind, kann man sie befreien, wie dies sogar bei proprietären Systemen zu schaffen ist, hat kürzlich Tim Spalding im Buch „Library Mashups“ beschrieben. Aufwändig zwar, aber durchaus im Bereich des Möglichen! Beim „neuen“ Katalog handelt es sich darum, verlinken und Daten austauschen zu können. Schlimmstenfalls könnte man also selbst eine Excel-Datei auf die Schulbibliotheks-Homepage setzen, die Links enthält. Und auch RSS-Feeds sind letztlich Dateien, die man auch mit dem Text-Editor von Microsoft erstellen kann. Man muss also nicht auf die ausgefuchste Software warten, um die in diesem Artikel geschilderten Funktionen umsetzen zu können. Vieles wird hier machbar, wenn die Datenerfassung nicht in jeder Schulbibliothek neu erfunden und durchgeführt wird – das Maschinelle Austauschformat für Bibliotheken macht eine Zusammenarbeit leicht.

Letztlich aber geht es bei jeder Entwicklung um das Leitbild, den Bedürfnissen der Benutzer zu entsprechen, die Handhabung selbsterklärender, die Information reicher, die Weiterführung der Recherche mit anderen Mitteln einfacher zu machen. Sagen wir: Die Zukunft ist da, aber sie ist nur bedingt kompatibel mit bibliothekarischen Standards. Phantasie ist gefragt – in Sachen Verknüpfung von Informationen und Inhalten, die sich mittlerweile in erreichbarer Nähe befinden. Ein Katalog der Gegenwart verführt zur Recherche.

VII. Die Schulbibliothek – ein Zentrum für kulturelle Praxis

Der Auftrag der Leseförderung in Schulbibliotheken betrifft inzwischen auch die digitalen Bücher, Leseförderung wird „inter-medial", sie überwindet die Grenzen zwischen neuen und alten Medien, Digitalem und Nichtdigitalem. Vor allem fördert sie den aktiven Umgang mit Medien.

Die zukunftsfähige Schulbibliothek soll und wird das Kulturzentrum der Schule sein. Einige Möglichkeiten dafür werden hier vorgestellt:

Digital lesen: *Brain Hive, Antolin* und *Onilo*

Die beiden digitalen Plattformen *Antolin* und *Onilo* fördern Lesen. Die Schulbibliothek ist die Basis für beide, sie hält die benötigten Kinder- und Jugendbücher bereit.

E-Books führen zu neuen, zentralisierten Vertriebswegen. Buchhandlungen und Bibliotheken braucht man dazu nicht mehr. Start-ups wie *Brain Hive* in den USA erproben ein Geschäftsmodell, das Schulbibliotheken eine Perspektive bietet.

Digitale Schulbücher werden kommen. Möglicherweise erleben die gedruckten Bücher dann eine Renaissance: Wer täglich im Unterricht auf dem Touchscreen liest, will in der Leselounge der Schulbibliothek ein richtiges Buch in die Hand nehmen.

Elektronische Bücher, kurz: E-Books, entwickeln sich zu Rennern auf dem Buchmarkt.

Wie sieht es mit digitalen Büchern in deutschen Schulen und Schulbibliotheken aus? Die Erwartungen sind groß: Mit E-Books könnte man besonders unter männlichen Kindern und Jugendlichen Leser gewinnen, heißt es. Die Technologie erscheint attraktiv. Für Schüler aus weniger buchaffinen Familien sänke die Hemmschwelle, zum Buch zu greifen.

Die Stiftung Lesen hat digitales Lesen in einer kleinen, nicht-repräsentativen Studie in 6. Klassen untersuchen lassen. Das Ergebnis zeigt, dass die neue Technologie zwar eine Anfangsbegeisterung bewirkt, die Nutzung im Untersuchungszeitraum aber „rapide" abnahm. Ähnliches ist in amerikanischen Untersuchungen zu lesen.

Digitale Bücher sind für Schulbibliotheken derzeit weniger wegen der – zumal sinkenden – Anschaffungskosten für E-Reader problematisch, sondern wegen des hinderlichen digitalen Rechtemanagements der Verlage und Internetkonzerne. Fragwürdig ist auch die Ausleihe nach den Regeln des klassischen Leihverkehrs: Noch darf nur jeweils ein Leser das E-Book während der Leihfrist auf ein Lesegerät laden. Jeder weitere Leser muss sich in eine Warteliste eintragen, das Buch reservieren, solange es „verliehen" ist und warten. Bei iTunes, Google Play oder Amazon kann man dagegen sekundenschnell ein Buch laden Dabei spielt es keine Rolle, ob andere Kunden dies in derselben Sekunde tun. Der klassische Leihverkehr passt nicht ins digitale Zeitalter.

Die Verlage ihrerseits stellen zunehmend die „Geschäftsgrundlage" von Bibliotheken in Frage. Der Verlag verdient nur am Verkauf eines Buches, nicht an dessen. Deswegen sind bei elektronischen Büchern in der Regel nur noch 26 Ausleihen erlaubt, dann muss erneut eine Lizenz für ein Buch erworben werden.

E-Book-Besitzer können ihr E-Book bisher weder verleihen noch weiterverkaufen. Man erhält von Apple oder Amazon als „Käufer" lediglich eine Lizenz zum Lesen. Sogar auf dem Lesegerät kann der Provider darüber verfügen.

Bei elektronischen Büchern suchen also die großen Internetkonzerne und die Verlage nach einem Geschäftsmodell, bei dem sie an jeder Ausleihe mitverdienen können. Nach dem Vorbild der erfolgreichen Plattform iTunes soll auch diese Ausleihe funktionieren: Man zahlt und kann rund um die Uhr sofort ein Buch für eine bestimmte Zeit lesen.

In den USA bietet jetzt das Start-up-Unternehmen *Brain Hive* (in Anlehnung an Bee Hive = Bienenkorb) etwa 3.000 elektronische Kinder- und Jugendbücher verschiedenen Schulen an. Etwa 20 Schulen beteiligen sich an der Erprobung (2012). Hat sich eine Schule registriert, werden die gewünschten E-Books in den OPAC übernommen und können dort aufgerufen und angelesen werden. Pro Buch beträgt die Ausleihe 1 Dollar. Die Schule legt bei *Brain Hive* ein Konto an, von dem abgebucht wird. Die Schüler erhalten online Zugang, in der Schule und überall. Sie brauchen keine Bankverbindung oder Kreditkarte, auch keinen Account bei Amazon. Die großen Verlage Gecko, Lerner, Random House u. a. sind bisher dabei. Sie erhalten einen Teil der Leihgebühr.

Man kann sich vorstellen, welche Möglichkeiten für einen Leseclub, für die Klassenlektüre, für Empfehlungslisten und den Bestandsaufbau sich eröffnen können. Mit einem Knopfdruck hat der Leseclub die Diskussionsgrundlage für das nächste Treffen, die Klasse die Klassenlektüre. Die Schulbibliothekarin kann sich ein Buch anschauen oder die Nachfrage nach der E-Book-Version beobachten, bevor sie die Hardcover-Ausgabe für den Bestand kauft.[136]

Die Datenübertragung erfolgt hier per Streaming durch eine Punkt-zu-Punkt-Verbindung zwischen dem Lesegerät und dem Server von *Brain Hive*. Es ist kein Download nötig, es wird übertragen und gleichzeitig gelesen. Die Streaming-Technik hat zwar noch keinen einheitlichen Standard und verlangt – im Videobereich – hohe Datenübertragungsraten.

Wäre das nicht ein Modell für die Verbreitung von Kinder- und Jugendliteratur in Schulen? Eine zentrale Plattform, eine kleine Leihgebühr, die über die Schule bezahlt wird? Die Verlage verdienen mit und haben Zugang zu den künftigen Lesergenerationen.

Es wäre an der Zeit, dass die Bildungspolitik nicht mehr allein auf die Anzahl der Computer in den Schulen achtet, sondern sich für pädagogische Plattformen (Clouds), pädagogische Software und digitale Bücher engagiert.

Für Eltern und Kultusministerien wird die Abkehr vom gedruckten Schulbuch kaum billiger werden. Die Hardware, die Netze mit hohen

136 Bei Sach- und Fachbüchern gibt es das schon und wird von den Universitätsbibliotheken genutzt: Link 30 „EBL".

Datentransferkapazitäten und die Lizenzen kosten auch Geld. Der Vorteil könnte in aktuelleren Lehrbüchern liegen, in Interaktivität, dem Einbau von Testaufgaben, Videoclips oder Hördateien in den Fremdsprachen. Die Möglichkeiten für Schüler mit Behinderungen sind enorm. Nicht zu vergessen die leichteren Schultaschen. Im Schulbuchbereich werden sich E-Books durchsetzen.

Der Kinder- und Jugendbuchmarkt steht nicht im Fokus der Verleger, wenn es um Digitalisierung geht. Es gibt allenfalls Pläne, „enhanced e-books" zu produzieren, E-Books mit Bonus-Material nach dem Vorbild von Spielfilm-DVDs. Davon versprechen sich die Verleger mehr als von reinem „Text-Content". Für Schulen und Schulbibliotheken ist das möglicherweise kontraproduktiv, weil durch die multimediale Anreicherung konzentriertes Lesen erschwert wird.

Es gibt aber einen erfolgreichen Medienmix aus Gedrucktem und Digitalem: Der Schroedel-Verlag bietet *Antolin* an, ein Programm, in dem Quizfragen zu Kinder- und Jugendbüchern beantwortet werden sollen. Es gibt dafür Punkte und die Schülerinnen und Schüler erhalten Urkunden und Aufkleber. Die Liste der verwendeten Kinder- und Jugendbücher wird ständig aktualisiert. Sie enthält auch fremdsprachige Literatur. Das Angebot wurde, nach der Grundschule, auf die gesamte Mittelstufe ausgeweitet. Das Lesen der Bücher mit *Antolin* kann in den Unterricht integriert werden, kann aber auch in der Mittagspause oder zu Hause stattfinden. Mit *Antolin* wird das freie Lesen gefördert. Das Punktesammeln soll den Ehrgeiz wecken. Mit den Quizfragen kann Textverständnis trainiert werden. Die Lehrer erhalten zudem Informationen zur Leseleistung ihrer Schülerinnen und Schüler aus den begleitenden statistischen Daten. Sie können auch per E-Mail mit den Schülern kommunizieren. *Antolin* kommt in den Schulen gut an. Schulbibliotheken gewinnen durch *Antolin* einen Zugang in die digitale Welt. Die Bücher sollten im Bestand sein. Im OPAC findet man sie schnell, weil die *Antolin*-Liste abgeglichen bzw. eingelesen werden kann. Gelesen werden die Bücher in ihrer gedruckten Form, nur für die Buchsuche und die Quizfragen braucht man einen Computer.

Einen anderen Weg geht *Onilo* aus dem Verlag Friedrich Oetinger. Es gibt Boardstories – das sind digital animierte Bilderbücher, die auf dem Smartboard gezeigt oder mittels Beamer projiziert werden. Mit dem gemeinsamen Betrachten, Lesen und Diskutieren dieser Seiten gelingt der Einstieg in ein Buch. Die Boardstories können auf einer Internetadresse für die Schüler zum Nach- oder Weiterlesen frei geschaltet werden. Natürlich sind die Bücher in der Schulbibliothek zu finden.[137]

Für die Schulbibliothek ergibt sich aus dem Trend zum iPad und dem digitalen Schulbuch eine weitere, unerwartete Chance: Wer täglich sechs oder acht Schulstunden damit verbringt, auf dem Tabletbildschirm hin und her zu wischen, könnte entdecken, was für einen Genuss es bereitet, in der Mittagspause in der Leselounge ein „richtiges" Buch in der Hand zu halten. Buffy Hamilton, die in den USA eine technologisch sehr fortgeschrittene Schulbibliothek leitet, berichtet von Schülerinnen, die sich weiterhin gedruckte Bücher leihen oder kaufen, manchmal sogar das, was sie gerade im E-Reader gelesen haben. Zu einer gemütlichen, entspannten Lesesituation gehört ein „richtiges" Buch.[138]

Kreatives Schreiben ist Leseförderung

Eine sehr wirksame Art, das Lesen zu fördern, ist das Schreiben. Es findet in Schulen zu wenig statt. Die Schulbibliothek muss zum Lese- und Schreibzentrum der Schule werden. Kreatives Schreiben kann von ihr ausgehend in die ganze Schule hineingetragen werden:

Wo im Unterricht hat diese wunderbare Idee ihren Ort? Bei meinen ersten Gehversuchen in diesem Genre machte ich bemerkenswerte Erfahrungen. Als ich einen Kurs in einer der üblichen Projektwochen zum Schuljahresende anbot, sagten mehrere Schüler, die Deutschlehrerin hätte ihnen den Kurs empfohlen. Sie sollten ihre Rechtschreibkenntnisse verbessern. Es war mühsam, Hauptschüler zu bewegen, darüber zu schreiben, wie es ihnen in 20 Jahren gehen würde. Sie behaupteten, nicht über ihren nächsten Geburtstag hinaus denken zu können. Es gelang dann doch.

---

137 Vgl. Links 26 und 34 „Antolin" und „Onilo". Ähnliche Programme sind http://www.primolo.de und http://www.lepion.de/start.php

138 Vgl. Buffy Hamiltons Beitrag in diesem Buch: S. 141ff.

Wer selbst schreibt, kann fremde Texte besser genießen. Es geht nicht um gute oder schlechte Texte, es geht darum, angeblich fantasielosen, Fernsehserien und Computerspiele konsumierenden Schülerinnen und Schülern Spaß am Schreiben zu vermitteln und ihnen ihre Sprache zurückzugeben.[139] Das reicht von spielerischen Formen bis zum Nachvollzug des Stils bekannter Autorinnen und Autoren oder einem Roman, an dem alle Schüler/-innen einer Klasse schreiben. Beim kreativen Schreiben lassen sich nicht nur Talente entdecken, bei der – behutsamen – gemeinsamen Kritik an einem Text entsteht auch ein Gefühl für die Qualität des Geschriebenen. Es schadet Goethe nicht, wenn man seinen „Erzähltricks" in einem Kreativ-Schreiben-Kurs auf die Spur kommt.

Das eigene Schreiben ist verwoben mit bekannten Kinder- und Jugendbüchern. Deren vorhergehende Lektüre inspiriert und schränkt keineswegs die Phantasie ein.

Niemand muss lange auf ein leeres weißes Blatt Papier starren. Es gibt einfache und komplexe Schreibtechniken: Drei beliebige Wörter aus der Zeitung oder nach Zuruf an der Tafel notiert, Assoziationsketten, eine Mindmap. Zum Aufwärmen wird Gianni Rodaris Rotkäppchen-Idee genommen: Wer kennt das Märchen noch? Stichworte werden notiert. Dann taucht das Wort „Hubschrauber" auf. Wer erzählt jetzt die neue Rotkäppchen-Geschichte? Die Schüler verstehen, worum es geht...

Es ist immer wieder erstaunlich, wie schnell die Phantasie mobilisiert werden kann und angeblich sprachlose Schüler ausführlich ihre Gefühle vor einer Klassenarbeit zu schildern imstande sind, nachdem sie Gabriele Wohmanns „Klavierstunde" gelesen haben. (Die Idee ist bei Joachim Fritzsche, Schreibwerkstatt, S. 54, zu finden.)

Wenn anfänglich nur Horror- und Crime-Geschichten entstehen, sollte man sich nicht abschrecken lassen. Nach drei Zombiestories langweilen sich die Schüler beim Zuhören. Man kann damit rechnen, dass sie sich bald frei schreiben, wie es einer der unten aufgeführten Buchtitel besagt.

---

139 Meyer, Marianne u.a.: „Wir sind gar nicht so doof"- Schreibwerkstätten in der Hauptschule, Praxis Deutsch 134/1995, S. 10-12. Eines der schönsten Bücher ist Bambach [1993]; ein Klassiker unter den Sprachspielbüchern ist Fühmann [1978].

Manche Schüler erzählen von ihren Ängsten auf dem Schulhof und in der Klasse oder davon, dass ihre Mutter sie gerade aus der Wohnung geworfen hat. Ob der Text vorgelesen wird, entscheidet die Schreiberin/der Schreiber. Bei anderen Schülern stärkt es das bisher nicht sehr ausgeprägte Selbstwertgefühl, wenn ihr Gedicht oder ihre Geschichte in der Schülerzeitung steht. Alle Erzählungen einer Klasse als Buch gebunden, kann die Klasse einer anderen schenken oder in der Schulbibliothek ausstellen.

Im Gegensatz zum vernachlässigten kreativen Schreiben im Schulalltag steht die Flut an Schreibwettbewerben von Verlagen, Stiftungen, Kulturämtern und Kulturräten, die oft deutlich erkennbar von den Interessen der jeweiligen Institutionen geleitet sind.

Positiv hervorzuheben sind Poetry Slams, bei denen selbst geschriebene Texte in theatralischer Form vor Publikum vorgetragen werden. Welche Talente dabei entdeckt werden können, haben die Teilnehmer/-innen einer Fortbildungstagung für Schulbibliothekare in Hessen erlebt. Sie erinnern sich noch nach Jahren an eine Abiturientin, die dort ihren Rap über Liebe inszenierte.

Hier eine kleine Auswahl der Autoren von Schreibwerkstattbüchern:

- Mario Leis, 111 Übungen, besonders preiswert, aber auch gut.

Wer ein bisschen weiterstöbert, findet die Klassiker:

- Gianni Rodari, Grammatik der Phantasie. Die Kunst, Geschichten zu erfinden
- Gisela Schalk/Bettina Rolfes: Schreiben befreit
- Bettina Mosler/Gerd Herholz: Die Musenkussmischmaschine
- Joachim Fritzsche u. a.: Schreibwerkstatt
- Hans H. Wünnenberg: Boff – Kinder schreiben sich frei
- Lutz von Werder: Kreatives Schreiben in den Wissenschaften

Schreibkurse sind hervorragende Leseförderung. Kinder und Jugendliche sollten die Chance bekommen zu lernen, wie man Geschichten erfindet und sie aufschreibt. In der Schule lernt man Handball, vielleicht sogar Blockflöte zu spielen, manche Schulen haben Theaterspielen als Fach. Das kreative Schreiben kommt dagegen zu kurz, in 90% der Schulen findet es anscheinend nicht statt.[140] Hier könnte die Schulbibliothek unterstützend wirken. Wenn die Deutschlehrer keine Zeit für Schreibkurse haben oder sich dies nicht zutrauen, sollten sie mit dem Schulbibliothekar kooperieren. Möglich sind Schreib-AGs, Kurse in der Projektwoche, Schnuppernachmittage für einzelne Klassen, zu denen ein professioneller Workshopleiter eingeladen wird, oder Schreibaufgaben während der Jugendbuchlektüre einer Klasse. Zum Bestand der Schulbibliothek gehören auch Schreibwerkstattbücher.[141]

Filmvermittlung und Filmbildung (Hans Günther Brée)

Für Kinder und Jugendliche gehört das Medium Film zum Alltag. Was ihnen fehlt, ist die Fähigkeit, die Bilderwelt in einer angemessenen Sprache beurteilen zu können. Es gibt vielfältige Verbindungen zwischen Buch und Film, Schreiben und Filmemachen. Ein Film kann motivieren, ein Buch zu lesen; wer viel liest wird zum bewussteren Mediennutzer. Die Schulbibliothek ist der geeignete Ort für eine integrative Medienerziehung, meint **Hans Günther Brée**.

140 Auch dies wurde in einem PISA-Fragebogen von den Schulleitern abgefragt: Nur in 10% der beteiligten Schulen wussten sie von Kursen im kreativen Schreiben an ihrer Schule: Weiß, Manfred/Steinert, Brigitte: Institutional guidelines and their active realization – The perspective of the head teachers. In: PISA 2000. Ed.: German PISA-Consortium. Opladen 2001, S. 442.

141 Empfohlen sei Deutschlehrer/-innen und Schulbibliothekar/-innen ein Besuch im „wortreich-Museum" in Bad Hersfeld. Es ist ein Mitmachmuseum für Sprache und Kommunikation. Man findet eine Fülle von Spielanregungen für alle Sinne vor. Dort kann man auch Workshops buchen und es gibt zwei Medienstudios: Link 37.

„Das ist ein Teil deines Problems.
Du hast zu wenig Filme gesehen.
Alle Rätsel des Lebens werden da gelöst."
[Davis (Steve Martin) in Lawrence Kasdans „Grand Canyon", 1991][142]

Das Aufgabenspektrum der Schulbibliothek verändert sich mit den immer rasanter werdenden Veränderungen unserer Medienwelt.[143] Geblieben ist jedoch eine der elementaren Aufgaben – die Leseförderung.

Im Gegensatz zum Beginn der 80er-Jahre, als Leseförderung im Anschluss an Neil Postmans Kulturkritik als „Gegenpol zur Dominanz der elektronischen Medien"[144] verstanden wurde, ist es heute didaktischer Konsens, dass Leseförderung als Teil einer integrativen Medienerziehung zu sehen ist, empirisch nachgewiesen durch vielfältige Untersuchungen, die belegen, dass „Vielleser" die besseren Mediennutzer sind.[145]

Dies war auch schon 1996 didaktischer Ausgangspunkt und Ansatz eines Lehrgangs der hessischen Lehrerfortbildung[146] produktorientiert das Medium Video einzusetzen, d. h. Videoclips herzustellen, um auch die Fähigkeit, mit bewegten Bildern umgehen zu können, zu schulen. „Was haben Videos denn mit Lesen zu tun?" war die durchgängige Meinung der Teilnehmerinnen und Teilnehmer, die aber nach einer Woche festgestellt hatten, dass sie sich wohl mit Leseförderung beschäftigt hatten, aber in einem medialen Zusammenhang. Mikos spricht hierbei von einer „Sehsozialisation", die Fähigkeit zu lernen, in einer „Bilderwelt" zu leben und diese

142 Zit. n. Ziegler, Helmut (Hrsg.): Die Rückkehr der schönsten Film-Weisheiten, Baden-Baden 2005, S. 5.

143 Für die heutige Zeit kaum Vorstellbares erzählt Uwe Tellkamp in seinem Roman „Der Turm", Frankfurt/M 2008, S. 112, wie die Schulbibliothek in den letzten Jahren der DDR auch gelegentlich genutzt wurde: „[...] sie hatte sich die Haare geföhnt in der Schulbibliothek, in der die Hälfte der Jungen während des Arbeitslagers untergebracht gewesen war [...]"

144 Widmann, Bernd-Axel: Tendenzen der Leseförderung, in: Bertelsmann Stiftung (Hrsg.): Lesen in der Schule. Perspektiven der schulischen Leseförderung, Gütersloh 1995, S. 25

145 Vgl. Tulodziecki, Gerhard: Leseförderung als Teil einer integrativen Medienerziehung, in: ebd., S. 31 ff.

146 Lehrgang des Hess. Inst. f. Lehrerfortbildung (HILF), Arbeitsbereich Schulbibliotheken, 04. - 08.11.96 in der Reinhardswaldschule, Fuldatal.

zu verarbeiten, und fragt nach, inwiefern diese Bilder eine andere Qualität hervorbringen als Sprache und Schrift.[147] – Das Sehen in Bildern war also Kernpunkt der Video-Arbeit während der Fortbildung, denn anders als die Bilder, die beim Lesen erzeugt werden, sind die visuellen Bilder von ihrer Struktur her nicht linear, sondern simultan, weil vielschichtiger. – Die metaphorischen Eigenschaften des Sprichworts „Ein Bild sagt mehr als tausend Worte" liegen auf der Hand.

Leseförderung als Medienarbeit umfasst ebenso Schreibanlässe, die mit der Produktion von Videoclips einhergehen (können):

- das Schreiben von Dialogen
- das Schreiben eines (Video-)Plots (Grundzüge einer Story)
- das Schreiben eines (Video-)Treatments (Inhalt, Schauplätze, dramatische Schritte) und
- journalistische Schreibformen wie Ankündigung, Kritik, Rezension

Neben dieser kreativen und produktorientierten Form der Leseförderung stehen häufiger die rezeptionsorientierten Verfahren wie die Literaturverfilmungen[148] im Anschluss an eine Lektüre. – „Das gibt's doch auch als Film!" – „Müssen wir das denn lesen?" sind einerseits häufige Bemerkungen der Schülerinnen und Schüler, wenn Lektüre- und Filmtitel sich gleichen, da sie sich, anders als die meisten Lehrer erwarten, durch Internet und Massenmedien in dem für sie unter dem Begriff Unterhaltung und Edutainment subsumierten Genre gut auskennen. Aus der Perspektive der Lehrerin und des Lehrers gibt es ebenso häufig nach der Lektüre den „Film danach" als „Schmankerl", wobei die große Chance verpasst wird, z. B. beide eigenständigen Kunstwerke zu betrachten oder zu vergleichen. – Daher ist für M. Rüsel Film im Unterricht „Bonbon und Fastfood zugleich."[149]

---

147 Vgl. Mikos, Lothar: Sehsozialisation – Warum Kinder nicht nur Lesen, sondern auch Sehen lernen sollten, in: Wegener, Claudia / Wiedemann, Dieter (Hrsg.): Kinder, Kunst und Kino. Grundlagen der Filmbildung aus der Filmpraxis, München 2009, S. 29 f.

148 Der Begriff Literaturverfilmung wird gerade im schulischen Bereich sehr häufig für die filmische Adaption einer literarischen Vorlage verwendet; m. E. ist ‚filmische Adaption' aufgrund der diversen Interpretationen durch die an der Produktion eines Films beteiligten Personen der richtigere Begriff, verwende aber weiterhin ‚Literaturverfilmung' wegen der gängigen Diktion auch im didaktischen Bereich.

149 Rüsel, Manfred: Film kann alles!, in: JuLit 2/2005, S.15 – „In der Schule vergleicht man Film und Buch zum einen erbsenzählerisch, zum anderen in Unkenntnis der

Das durchaus vorhandene Interesse der Kinder und Jugendlichen an Medien generell (Medieninteresse) und an einem möglichen Medienwechsel zwischen Buch und Film und umgekehrt ist daher die Chance, dazu beizutragen, die Lesemotivation zu erhöhen. – So kam es nach dem Betrachten von Peter Weirs Spielfilm „Der Club der toten Dichter" im Politikunterricht zu der von mir nicht erwarteten Reaktion meiner Schüler, die – literarisch sicher nicht anspruchsvolle – „Verbuchung" als Roman lesen zu wollen.[150]

Dass das traditionelle Medium Film in der heutigen Medienwelt der Schülerinnen und Schüler weiterhin präsent ist und sie sich auch mit den Protagonisten – besonders auch in den TV-Soaps und -Novelas – gut auskennen, liegt an den unterschiedlichen Funktionen und Absichten, unter denen die Filme angeschaut werden.[151] Ebenso wie das Lesen gewissermaßen ein „Voraus-leben" ist, d. h. das „Sammeln" von Erfahrungen, die für sie in späteren Situationen nicht mehr zu Überraschungen werden, sind die Identifikationen mit beliebten und bekannten Kino- oder TV-Helden eine „Verfremdung vertrauter Erfahrung"[152], ein Lernen aus Fremderfahrung, die in den erwähnten Lebenssituationen ihre Relevanz erhält (vgl. das Motto). – Warum also sich nicht dieses spezielle Interesse zunutze machen – besonders im Rahmen einer medialen Leseförderung?

Der Einstieg in eine Unterrichtseinheit mit einer Filmsequenz, die „Filmverbuchung", der Vergleich von literarischer und filmischer Exposition oder der Protagonisten in beiden Kunstwerken setzt Hintergrundwissen und Kenntnisse zum Filmverstehen voraus – bei Lehrenden und Lernenden. Denn die

---

filmsprachlichen Mittel. Am Ende der Unterrichtseinheit – der Text wurde ausgiebig analysiert und die Klausuren sind geschrieben – zieht man sich den Film ‚rein', ohne Kenntnisse der erzählerischen Möglichkeiten [...]"

150 N. H. Kleinbaum: Club der toten Dichter, Bastei Lübbe („Das Buch zum großen Film" – 42. Aufl. 2012)

151 Vgl. Wegener, Claudia: Filmbildung und Filmpraxis, in: Wegener, Claudia/Wiedemann, Dieter (Hrsg.): Kinder, Kunst und Kino. Grundlagen der Filmbildung aus der Filmpraxis, München 2009, S. 19.

152 Walberg, Hanne: Film-Bildung im Zeichen des Fremden. Ein bildungstheoretischer Beitrag zur Filmpädagogik, Bielefeld 2011, S. 178; Fritsch, Eva u. Dirk: Filmzugänge. Strukturen und Handhabung, Köln 2010, S. 97: „Für viele Lernprozesse bilden Filme heute Ausgangspunkte. [Sie können, GB] als Komplex von Lernerfahrungen begriffen werden, die eine Verbindung weit zurückliegender Ereignisse mit späteren und gegenwärtigen zu einem bedeutungsvollen Komplex im Leben herstellen."

„Analyse einer Literaturverfilmung ist in erster Linie eine Filmanalyse“[153], die Kenntnis über Filmsprache, Gestaltung und Ästhetik[154] verlangt. Fritsch/ Fritsch führen dafür den Begriff „audiovisuelle Literacy“[155] ein, um den viel strapazierten Begriff Filmkompetenz zu umgehen. Hintergrundwissen über Filmgeschichte und -theorie ist zusätzlich wünschenswert.

Seit dem von der Bundeszentrale für politische Bildung 2003 initiierten Kongress „Kino macht Schule“, in dem über den Status quo und die Perspektiven zur Vermittlung von Filmkompetenz in deutschen Schulen diskutiert wurde, und der sich anschließenden Filmkompetenzerklärung ist es allgemeiner Konsens, Filmerziehung in deutsche Lehrpläne zu integrieren, um Kindern und Jugendlichen einen bewussten Umgang mit Film zu vermitteln. Film muss in jedem Unterrichtskontext seinen Platz finden – über den fachbegleitenden bzw. unterrichtsergänzenden Einsatz hinaus.[156]

Im kulturellen Handlungsfeld Film als Teil der schulischen Bildung sollen die Schülerinnen und Schüler

- für die Ästhetik des Films sensibilisiert werden
- die Fähigkeit zum kritischen Urteil erlangen – Stichwort „Geschmacksbildung“,
- einen vertieften cineastischen Genuss erhalten
- ihre Fähigkeit ausbilden, mit anderen ein filmbezogenes Gespräch führen zu können, das über „stinke langweilig“ und „echt geil“ hinausgeht
- zur Teilhabe am öffentlich geführten Filmdiskurs befähigt werden, wie er in Zeitungen und Zeitschriften, im Radio, Fernsehen und im Internet geführt wird[157]

---

153 Staiger, Michael: Literaturverfilmungen im Deutschunterricht, München 2010, S. 97 – „Wie erzählen Schrifttexte und wie erzählen Filmtexte?“

154 Kameraeinstellung, -perspektive, -position, -fahrt; Mise en scène (Kameraführung, Schauspielerführung, Lichtgestaltung); Wort-Bild-Ton-Beziehungen; Schnitt; Montage.

155 Fritsch, Eva und Dirk: Filmzugänge. Strukturen und Handhabung, Köln 2010, S. 99.

156 Vgl. http://www.bpb.de/gesellschaft/kultur/filmbildung/43640/filmkompetenzerklaerung-vom-21-mai-2003

157 Abschlussvortrag des Kongresses von Matthis Kepser: Spielfilmvermittlung – ein integraler Bestandteil schulischer Bildung!? – bearb. n. http://www.bpb.de/gesellschaft/kultur/filmbildung/43513/programm - CHY3UZ.pdf

Da der Unterrichtsalltag mit den 45-90-Minuten-Takten das Vorführen bzw. Zeigen eines kompletten Spielfilms – spezielle Literaturverfilmungen sind integraler Bestandteil der Filmvermittlung – mit einer Länge von 90-120 Minuten kaum zulässt, hat dies die Befürworter der Filmbildung bzw. Pädagogen der Filmvermittlung trotz des Widerstreits zwischen pädagogischer und cineastischer Sichtweise veranlasst, speziell ausgearbeitete Konzepte für den Umgang mit Filmausschnitten zu entwickeln.[158] Filmausschnitte entweder als Teil des Ganzen, der für sich steht, aber auch für das „Ganze" betrachtet werden können, oder der Ausschnitt als „Einstieg" und zur Motivation, den ganzen Film sehen zu wollen. Unerlässlich ist, ob Filmausschnitt oder ganzer Spielfilm, dass schulischer Unterricht mit Filmen immer unter themenorientierter Fragestellung geschieht.

Der französische Filmwissenschaftler Alain Bergala spricht sich im gleichen Sinn für eine „Pädagogik des Fragments" und für das „Lob des Ausschnitts"[159] aus. Anders als bei den früheren 16-mm-Filmen oder den VHS-Kassetten erlaubt die DVD als Trägermedium eines Films das jederzeit kurzfristige und gezielte „Ansteuern" einer Sequenz, eines Ausschnitts – und ihre beliebige Wiederholung; aus pädagogischer und didaktischer Sicht ist diese technische Neuerung ein wesentlicher Vorteil.

Um bei der schulischen Filmbildung die bereits erwähnte „Geschmacksbildung" bei den Kindern und Jugendlichen erreichen zu können, schlägt Bergala eine DVD-Sammlung für die Schule vor, um „Erstens einen Grundstock von Filmen anzulegen, die die Alternative zum reinen Unterhaltungskino darstellen können. Und zweitens, mithilfe der Möglichkeiten der DVD eine Filmpädagogik zu entwickeln und anzubieten, die nicht primär didaktisch ist, sondern im Wesentlichen darauf basiert, Beziehungen herzustellen zwischen verschiedenen Filmen, Sequenzen, Einstellungen und Bildern [...]."[160] Sie soll an jeder Schule vorhanden sein als „ein leicht und stets zugänglicher und vor allem nicht einschüchternder Gegenstand"[161] mit dem Ziel, dass die Schülerinnen und Schüler in Freistunden oder in den Pausen

---

158 Vgl. z. B. Schäfer, Eva: ‚Minority Report' – Zur Arbeit mit Filmausschnitten im Deutschunterricht; in: PRAXIS DEUTSCH, 184/2004, S. 56.

159 Bergala [2006 – S. 81ff.].

160 Ebd., S. 69.

161 Ebd., S. 71.

– ohne vorher lange um Erlaubnis bitten zu müssen und ohne den pädagogischen Zeigefinger – zum eigenen Vergnügen sich Szenen oder Sequenzen aus dem „Schulkanon" ansehen können. – Nach dem „Learning by doing" bei der Produktion von Videoclips nun das „Learning by viewing" beim rezeptiven Anschauen von Filmen und der sich anschließenden Gespräche.

Diese Sammlung korrespondiert mit dem ebenfalls von der Bundeszentrale für politische Bildung initiierten „Filmkanon" von 35 Filmen, um „bedeutenden Werken der Filmgeschichte auch im Schulunterricht mehr Aufmerksamkeit zu verschaffen und so der filmschulischen Bildung in Deutschland neuen Auftrieb zu geben." Und „er [will, GB] sensibilisieren für die Vielfältigkeit dieser Kunstform, für die Geschichte des bedeutendsten Mediums des 20. Jahrhunderts und für das Verstehen des Films der Gegenwart."[162]

Wenngleich die Forderung nach einer schulischen DVD-Sammlung sehr idealistisch klingt und vielleicht auch zu futuristisch ist, ist dies im Bereich der Öffnung von Schule und Ganztagsunterricht – besonders für die multimedial konzipierte Schulbibliothek – aus meiner Sicht kein utopisches Unterfangen.

Wo, wenn nicht in der Schulbibliothek, sollte das Medium Film vorgehalten und präsentiert werden? Der Lernort Schulbibliothek erweitert zusehends sein Aufgabenspektrum und wird somit (vielleicht) auch zum Lernort Kino.

Die Schulbibliothek als Medienwerkstatt: YOUmedia

Digitale Medien werden meist passiv konsumiert. Die Medienwerkstatt *YOUmedia* fördert den kreativen Umgang mit den verschiedenen Formaten. Workshops unter Anleitung von Fachleuten umfassen Video, Fotografie, Podcasts, graphisches Design, digitale Musikproduktion und das Programmieren von Apps oder Spielen. Im Chicagoer Konzept *YOUmedia* ist häufig ein Buch Ausgangspunkt für mediale Produktionen.

---

162 http://www.bpb.de/gesellschaft/kultur/filmbildung/filmkanon/; vgl. auch: Holighaus, Alfred (Hrsg.): Der Filmkanon. 35 Filme, die Sie kennen müssen; Bonn: Bundeszentrale für politische Bildung 2005 – Auf die Auswahl der Filme und die (unterrichtliche) Einsetzbarkeit soll hier nicht weiter eingegangen werden.

Auslöser für das Konzept *YOUmedia* war eine interdisziplinäre Studie der Kulturanthropologin Mizuko Ito [2010] und weiterer Autor/-innen: „Hanging Out, Messing Around and Geeking Out". In Familien, Stadtteilen und Schulen wurde erforscht, wie sich die neuen Medien auf das Leben und Lernen Jugendlicher auswirken. Es stellte sich dabei heraus, dass die neuen digitalen Medien zu mehr Lernen jenseits des Klassenraums und auch unabhängig von Fachlehrern geführt hatte. Dieses Lernen fand unter Gleichaltrigen statt, es fand gemeinschaftlich statt, es war intrinsisch motiviert und selbstgesteuert. Festgestellt wurde, dass Jugendliche nicht nur in der Schule lernen, sondern sich selbst etwas beibringen können, dass sie aus eigenem Antrieb von und mit anderen Jugendlichen lernen können.

Die praktische Anwendung dieser Ergebnisse erfolgte im Modell *YOUmedia*: Ein Lernort wurde geschaffen, an dem Schülerinnen und Schüler Zugang zu digitalen Medien haben und lernen können, sie kreativ zu nutzen. Hier bieten sich Gelegenheiten, mit Freunden in einer Gruppe aktiv zu werden, unterschiedliche Geräte und Programme handzuhaben.

Die dort stattfindenden Workshops bieten die Arbeit mit Video, Fotografie, Podcasts, graphischem Design, digitaler Musikproduktion und dem Programmieren von Apps oder Spielen an. Vorreiter ist die Public Library von Chicago, die ein *YOUmedia*-Studio in ihrer Zentrale einrichtete. Geplant ist eine Ausdehnung auf andere Stadtteilbibliotheken.

Dem Titel der Studie entsprechend hat *YOUmedia* drei Bereiche, die für die unterschiedlichen Formen des Umgangs Jugendlicher mit den neuen Medien stehen:

- **„Abhängen":** Man kann relaxen, sich treffen um zu reden, kann sehen, was in den anderen Bereichen passiert. Hier kann man auch essen und trinken. Es gibt bequeme Sitzmöbel, Bücher, Zeitschriften, Laptops, Computerspiele, aber auch Schach auf einem analogen Schachbrett.

- **„Herumbasteln":** Hier kann man die digitalen Geräte und Programme[163] ausprobieren, kann herausfinden, welches Medium einem

163 Die Software: Comic Life and iPhoto (eigene Bücher herstellen), GarageBand und FL Studio für Musikproduktion, Pro Tools and GarageBand für Podcasts, iMovie, Final Cut

zusagt: Spielecomputer, Film- oder Fotokamera, Tonstudio, digitales Zeichnen.

- **„Fachsimpeln"**: Hier gibt es Kurse und Projekte, angeleitet von Mentoren. Die Angebote reichen von ein- bis zweistündigen Schnupperkursen bis zu längeren Projekten. Vorhanden sind Präsentationsgeräte, z. B. ein Smartboard. Auf die Präsentation der Werke wird sehr geachtet, sowohl im Raum als auch auf der Onlineplattform. Die Teenager sollen ihre Arbeiten zeigen können.

Die Bereiche sind offen angeordnet, man soll sehen können, was gerade passiert. Das Mobiliar erlaubt, jederzeit umzugruppieren, um Platz für eine Gruppe oder eine Präsentation zu schaffen.

Es gibt eine Onlineplattform. Sie ermöglicht das Zeigen und Vorführen von fertigen Werkstücken, auf ihr wird diskutiert, die veröffentlichten Produktionen werden kommentiert. Die Mentoren stehen auch online Rede und Antwort. Es können offene und geschlossene Interessenforen aufgemacht werden.

Die Erfahrung zeigte, dass anfangs die meisten kommen, weil sie die Technik kostenlos nutzen und sogar ausleihen können. Allmählich wird dann *YOUmedia* für sie zu einem Ort, an dem man sich trifft, Hausaufgaben macht, unterstützt von einem Mentor etwas ausprobiert, hin und wieder an einem Workshop teilnimmt und vielleicht sogar selbst zum Film- oder Musikproduzenten wird.[164] Aber auch das Bücherlesen hat zugenommen.

Das Ziel von *YOUmedia* ist, den kreativen, verantwortungsbewussten Umgang mit digitalen Medien zu fördern. So kann man in einem Workshop die Gestaltung von Buchcovern lernen, in einem anderen entsteht aus einer Lektüre ein digitales Projekt: Der Roman „A Mercy" von Toni Morrisson wird in anderen Formaten (Musik, Comic, Lyrik, Video) neu zusammengesetzt:.[165]

Express (Mac), Movie Maker (PC) für Filme, FlipShare für Filmbearbeitung auf Camcordern (Flipcams), Aviary für Comiczeichnen.

164 Link 38 (c) „Youmedia/Rap".

165 Ein Remix zum Buch, 22.10.2010: http://oboc-amercy.tumblr.com/

YOUmedia braucht erfahrene Mentoren, die ihre künstlerischen und digitalen Fähigkeiten mit den Schülerinnen und Schülern teilen können. Die Mentoren helfen, wenn ihr Rat gefragt ist. Es sind Lehrer, Bibliothekare, Sozialpädagogen, Künstler (Schriftsteller, Schauspieler, Musiker, Filmemacher, Fotografen, Comiczeichner). Im besten Fall sind sie Techniker, Sozialarbeiter und Künstler in einer Person. Die Mentoren sollen sich für die künstlerischen Trends der Jugendkultur interessieren und können mit digitalen Medien umgehen (Video- und Bildbearbeitung, Keyboards usw.). Sie brauchen pädagogische Fähigkeiten, sollen Jugendliche ermutigen und unterstützen, können ihnen auf geeignete Weise Feedback geben. *YOUmedia* setzt bei den Interessen der Jugendlichen an. Die Mentoren sollen sie beim Abhängen „abholen" und ihnen attraktive Angebote machen. Zusätzlich evaluieren sie das Gesamtprojekt und bilden sich in gemeinsamen Sitzungen weiter. Unterstützung erhalten sie durch wissenschaftliche Begleitung.

VIII. Attraktive Lernorte

Schularchitektur, Schulraumgestaltung und -möblierung sind Themen, die zunehmend Beachtung finden. Was für Wohnhäuser, Hotels, Konzernzentralen und Museen schon länger gilt, findet allmählich auch Eingang in die Planung von Schulhäusern: So zu bauen, dass die zukünftigen Benutzer sich wohlfühlen, sich dort gerne aufhalten, gerne darin leben, arbeiten oder lernen.

Zu selten wurde bisher gefragt, welche räumlichen Formen für schulisches Lernen optimal wären. Sie schienen auf ewig gefunden zu sein: Klassenzimmer! Ein Schulgebäude umfasst im Wesentlichen 30 bis 50 Klassenzimmer und lange Flure. Das hat sich im Grunde über Jahrhunderte nicht geändert, auch wenn heute in fast jedem Klassenraum eine elektronische Wandtafel oder ein Desktop-Computer steht. Alle pädagogischen, methodischen und lernpsychologischen Erkenntnisse haben das nicht zu ändern vermocht. Das Klassenzimmer ist die dominierende Form und der gute Lehrer hat die Aufgabe in diesem Raum Schüler für Gruppenarbeit, Partnerarbeit, entdeckendes Lernen und Selbsttätigkeit zu motivieren.

Von der Schulbibliothek war in diesem Zusammenhang noch nicht die Rede: Sie war, wenn der Architekt daran gedacht hatte oder die Richtlinien es vorsahen, ein weiterer viereckiger Raum in Klassenraumgröße oder kleiner, erkennbar daran, dass auf dem Türschild „Bibliothek“ stand.

Inzwischen geht weltweit von den Schulbibliotheken eine Schulbaurevolution aus. Neue Schulbibliotheken ermöglichen Arbeits- und Sozialformen und den Einsatz von Unterrichtstechnologie, wie es nur schwer im herkömmlichen Klassenraum realisierbar ist. Einige Beispiele werden hier vorgestellt.[166]

166 Informationen zu Schulbibliotheksarchitektur und weitere Beispiele sind in den Links 46 (a - s) „Zukunftsfähige Schulbibliotheken. Weitere Gestaltungs- und Einrichtungsideen“ zu finden.

Grundschule Welsberg/Südtirol

Die Grundschule in Welsberg hat aus Anlass eines Neubaus ihrer Schule die Flure und Zwischenräume zur Lernwerkstatt umfunktioniert:

Leitidee der Schule ist das offene Lernen. Das beinhaltet die zeitweilige Auflösung des Klassenverbandes in Lerngruppen. Als ein Neubau notwendig wird, setzen sich Architekt, Schulleiter und Lehrer zusammen. Architekt Klaus Hellweger versteht es, das pädagogische Konzept der Schule sichtbar zu machen.

Die an die Klassenräume angrenzenden offenen Räume und Flure sind Lernräume geworden. Sie haben große Fenster und viel Tageslicht. Zu den Klassenräumen besteht Sichtverbindung durch Fensterbänder. In Welsberg besteht heute eine Lernlandschaft aus drei Klassenzimmern und einem verbindenden, von allen Seiten nutzbaren Bereich. Diese Zwischenräume sind zum „Herz" der Schule geworden. Es gibt Nischen zum Schmökern im Bereich der großen Fenster. Bücher und Lernmaterialien sind in mobilen Regalen untergebracht. Sie können als Raumteiler, etwa zum Abteilen von Lernnischen, verwendet werden.[167]

Die Räume und Raumgefüge, so sagt Klaus Hellweger, seien vielfältig bespielbar. Sie ließen mehrere Nutzungsmöglichkeiten zu und seien offen für eine Weiterentwicklung des pädagogischen Konzepts. Auch dank der verwendeten Materialien sei eine wohnliche Atmosphäre entstanden, die von Lehrern und Schülern als angenehm empfunden werde.

Eine herkömmliche Schulbibliothek ist in diesen Räumen nicht entstanden, aber Lernorte, an denen mit Büchern und digitalen Medien gearbeitet werden kann und „Schmökerecken", in denen man in Bücher eintauchen kann. Also das, was eine zukunftsfähige Schulbibliothek ausmacht.

167 Links 43 a, b „Grundschule Welsberg". Mit dem Rektor der Grundschule und dem Architekten hatte ich E-Mail-Austausch bzw. telefonischen Kontakt. Das Modell Welsberg wurde auch auf einer Tagung in Bozen/Südtirol am 26.11.2010 vorgestellt.

Die in Welsberg realisierte Idee wurde auch an der amerikanischen Schule in Bombay umgesetzt: „iCommons", Information Commons. Hier sind es offene Lernlandschaften, die in jedem Jahrgangstrakt vorhanden sind.[168]

Schulbibliothek ohne Bücher: Cushing Academy

> Nahezu ausschließlich digitale Ressourcen gibt es in der Bibliothek dieses privaten Oberstufeninternats im Großraum Boston/USA. Die Hauptaufgabe der Schulbibliothekare ist die Beratung und Unterstützung der Schüler bei der Nutzung digitaler Ressourcen:

Die Cushing Academy in der Nähe von Boston ist eine Internatsschule für die Klassen 9 – 12 mit ca. 500 Schülerinnen und Schülern.[169] Mein Kontakt bestand in intensiver Korrespondenz mit dem Bibliotheksleiter Tom Corbett.

Cushing machte von sich reden, als 2009 der Bestand der Bibliothek drastisch reduziert wurde. Die meisten der 20.000 Bücher wurden in die Fachbereiche gegeben oder an öffentliche Schulen verschenkt. Viele dieser Bücher wurden vorher digitalisiert. Man behielt aber die Kunst- und Gedichtbände. Gedruckte Bücher werden nicht mehr gekauft.

Stattdessen hat die Schule eine virtuelle Bibliothek geschaffen. Für die Unterrichtsfächer gibt es Kataloge mit Internetadressen. Auf der digitalen Lernplattform klickt man das Fach und dann das Teilgebiet oder Thema an und erhält eine annotierte Liste von Online-Datenbanken und Webseiten. Zusätzlich gibt es die in US-Schulen weit verbreiteten kostenpflichtigen Datenbanken für Zeitungsarchive, wissenschaftliche Aufsätze und Nachschlagewerke.

Aus einem angrenzenden Computerraum wurde ein Aufenthaltsraum für Lehrer. An Stelle der früheren Ausleihtheke entstand ein kleines „Cybercafé", überall ist W-LAN. Auf dem digitalen Schwarzen Brett laufen

168 Link 44 „iCommons"

169 Link 41 „Cushing Academy".

– ohne Ton – CNN-Nachrichten. Die Bibliothek ist von 7.30 – 20.00 Uhr geöffnet, freitags und sonntags etwas kürzer, nur samstags ist geschlossen.

Die Schule hat einen Account bei der E-Book-Library (EBL) und dadurch Zugriff auf 240.000 Fach- und Sachbuchtitel. EBL bietet vor allem Hochschulbibliotheken flexible Nutzungsmöglichkeiten für E-Books an. So können diese kurzzeitig „ausgeliehen", d. h. angesehen werden und müssen erst ab einer bestimmten Ausleihfrequenz gekauft werden. Für Universitätsbibliotheken, die festgestellt haben, dass fast die Hälfte ihrer Bücher nie ausgeliehen wird, könnte das eine kostensparende Alternative sein. Die Bücher stehen im E-Book-Format „just in time" zur Verfügung und können bei Bedarf digital oder gedruckt gekauft werden.[170]

Die Bibliothek hat zweihundert Kindles und Sony-Book-Readers. Im Bestand sind 1.500-Amazon-Titel, weitere werden sekundenschnell besorgt. Auf Lesen wird weiterhin großen Wert gelegt, allerdings überwiegend digital. Auf der Webseite der Bibliothek empfehlen Schüler, Lehrer und der Schulbibliothekar belletristische Bücher. Für das „summer reading" werden Bücher empfohlen. Lehrer und Schüler sind gehalten, über die Sommerferien zu einem bestimmten Thema zu lesen.

Die E-Book-Reader werden ausschließlich für die Belletristik verwendet. Klassensätze können darüber nicht geladen werden. Die Schulbibliothek will demonstrieren, dass auch das freie Lesen durch die digitalen Formate profitiert. Man kann online stöbern und per Knopfdruck das gewünschte Buch haben. Auf den Bibliotheks-Kindles hat sich ein digitaler Bestand angesammelt. Bei Bedarf werden mehrere Exemplare gekauft. Auf bis zu sieben verschiedene Geräte darf ein Amazon-E-Book laut Bibliotheksleiter Tom Corbett kopiert werden. Er ist mit dem Rechtemanagement von Amazon nicht zufrieden. Er wünscht sich von Amazon mehr Entgegenkommen, auch weil mehr digitale Belletristik als früher gedruckte gekauft würde.[171]

Der Schulleiter sieht den Wirbel, den die Umstellung in der Öffentlichkeit gemacht hat, gelassen. Die Schulbibliothek sei jetzt dort, wo die Schüler

170 Link 30 „EBL".

171 Auskunft von Tom Corbett in einer E-Mail an den Verfasser.

schon länger seien, wenn sie ihre Referate und Hausaufgaben machten, in der virtuellen Welt. Die Bibliothek sei vorher schon gut besucht gewesen, aber seit der Digitalisierung sei sie für Schüler und Lehrer noch stärker zum Mittelpunkt der Schule geworden.

Für die Neuorganisation der Schulbibliothek war eigens der neue Schulbibliothekar eingestellt worden. Er sieht sich auf dem richtigen Weg: Er ist mehr Lehrer als Bibliothekar. Der Bedarf an Beratung und Unterstützung sei gestiegen, seit es fast nur noch elektronische Ressourcen gibt. Das Personal in der Schulbibliothek ist um 25% aufgestockt worden.

Cushing ist inzwischen nicht mehr die einzige Schulbibliothek in den USA, die die gedruckten Bücher beiseite geräumt hat.

Kritiker weisen darauf hin, dass eine Privatschule mit ihrer ausgesuchten Schülerklientel Möglichkeiten habe, die Staatsschulen fehlen. Sie sehen auch eine mögliche Abhängigkeit von kommerziellen Unternehmen.

Wie sich das digitale Lesen in deutschen Schulbibliotheken darstellen wird, ist schwer vorhersehbar. Ich habe von keinen Aktivitäten in diesem Bereich Kenntnis erhalten, nachdem ich in Mailing Lists und Weblogs danach gefragt hatte.[172]

Informations- und Kommunikationszentren: Die „learning commons“

> „Learning commons“, Wissensallmende, werden die neuen Informations- und Kommunikationszentren in Hochschulen, Colleges und Schulen der USA genannt. Es sind mehrere ineinander übergehende Räume oder „Lernlandschaften“. Sie ermöglichen die Arbeit in unterschiedlichen Sozialformen und mit den verschiedensten Medien.

172 Bis Redaktionsschluss Februar 2013

Der US-Schulbibliotheksprofessor David Loertscher spricht von „learning commons", wenn er die Schulbibliotheksräume der Zukunft meint.[173] Man könnte „learning commons" mit Wissensallmende übersetzen. Wissensallmende knüpft an den mittelalterlichen Begriff der Allmende an, den gemeinsam von allen Dorfbewohnern benutzten Ressourcen Wald, Gewässer, Wiese und Weide.[174]

„Learning commons" bürgert sich zunehmend als Bezeichnung für multimediale Schulbibliotheken in den USA ein. Wie könnte man solche Räume in Deutschland nennen? Informations- und Kommunikationszentrum ist von der Sache her zutreffend, aber ein Wortungetüm, die Abkürzung „KOZ" will auch nicht überzeugen. Medienzentren heißen schon die Medienzentralen der kommunalen Gebietskörperschaften. Wissenszentrum? Lernlandschaft? Bleiben wir bei Schulbibliothek! „Learning commons" sind das, was ich mir unter einer zukunftsfähigen Schulbibliothek vorstelle.

Hier wird Schulbibliothek von der Schule aus gedacht. Welche Räume braucht eine Schule, wenn sie das Lernen verändern will? Räume, in denen geredet und gegessen werden darf, Räume, in den es still sein muss. Räume, in denen man sich gerne aufhält, die keinen Fluchtreflex auslösen.[175] In der wie „learning commons" ausgestatteten Schulbibliothek stehen Bücher nicht mehr im Mittelpunkt, es dreht sich aber auch nicht alles um Technologie. Den Filmraum, den jede Schule hat, gibt es noch. Aber jetzt kommt das Studio dazu, in dem Filme produziert werden können.

---

173 Loertscher, David/Koechlin Carol/Zwaan, Sandi, The New „Learning Commons": Where Learners Win, Salt Lake City, UT 2008. Auch Prof. Ross Todd beansprucht, den Namen gefunden zu haben.

174 Die Verwendung des Begriffs in der Schule halte ich aus mehreren Gründen für problematisch. Er ist ein nicht sehr bekannter historischer Fachausdruck. Die mittelalterliche Allmende wurde genossenschaftlich verwaltet. Man achtete darauf, dass keiner sie übermäßig nutzte, dass bestraft wurde, wer das tat. Wissensallmende suggeriert im heutigen Kontext, dass alles Wissen der Welt, alle geistigen Schöpfungen, frei verfügbar wären. Eine gewiss faszinierende Vision, um die heiß gestritten wird. Kann geistiges Eigentum allen gehören? Der Streit um das Urheberrecht muss nicht in die Schule getragen werden.

175 Worüber nicht alle glücklich sind: Es werde nur noch gesimst, gechattet und Café Latte getrunken, die Bücherregale würden zur Dekoration werden, so ist von Skeptikern zu hören.

Die Schulbibliothek geht in dieser Lernlandschaft auf. Auch die „digital natives", die Besitzer/-innen von Smartphones und Tablets suchen Räume, in denen sie konzentriert arbeiten, gemeinsam lernen und einen Tee oder Kaffee trinken können.[176] Es geht nicht alles am Computer vonstatten, sondern vor allem im Austausch mit anderen, im Gespräch und mit Unterstützung durch Lehrer/-in und Schulbibliothekar/-in. Die Wissensallmende braucht Spezialisten: Medienpädagogen, IT-Techniker, Schulbibliothekare.

Beispiele für bereits bestehende „learning commons"[177]:

- Das **Rolex Learning Center der ETH Lausanne**. Das Lernzentrum der Hochschule beherbergt eine Bibliothek, mit dazu gehören eine Cafeteria, Seminarräume und Hörsäle. Die Architektur ist außergewöhnlich. Es hat weder Treppen, noch Wände, sondern Wellen, kleine Hügel, Täler und Hochebenen, über die sich die Arbeits- und Begegnungsflächen verteilen.

- Das **Öresund-Gymnasium** in Kopenhagen liegt in einem Neubaugebiet und hat einen medienpädagogischen Schwerpunkt. Es ist nicht nur ein optisch eindrucksvolles Gebäude, hier wurden auch Schulalltag und Unterricht verändert. „Lerninseln"– die Hartmut von Hentig in Bielefeld schon in den 70ern bauen ließ – ersetzen die herkömmlichen Klassenräume. Gelernt wird vor allem in Gruppen oder individuell an verschiedenen Lernorten.

- Die **Chelmsford High School** in der Nähe von Boston in den USA hatte eine sehr große, traditionell eingerichtete Schulbibliothek, mit Platz für sechs Klassen und 38 PC-Arbeitsplätze. Die Schulbibliothekarin hatte daraus einen Mittelpunkt der Schule gemacht, in dem Poetry Slams und Mittagessen mit Vorlesen stattfanden. Als im Landkreis Schulen renoviert wurden, neue naturwissenschaftliche Trakte und zwei neue Schulbibliotheken gebaut wurden, überzeugte die Schulbibliothekarin

176 Jane Secker, Social Software, Libraries and Distance Learners: Literature Review, London School of Economics and Political Science, January 2008, University of London: http://eprints.lse.ac.uk/20339/1/The_adventures_of_LASSIE_%28LSERO%29.pdf

177 Siehe zu den Beispielen die Links 45 (a – d) „learning commons".

den Schuldezernenten davon, dass auch die Bibliothek der Chelmsford High School eine Generalüberholung benötigte. Sie erreichte, dass es jetzt Teppichboden gibt, neue Möbel, Sitzabteile (ähnlich wie in American Diner-Restaurants; das ist sehr beliebt in den Schulen), eine einladende Leselounge, ein Café mit Bistrotischen, einen Veranstaltungsraum und Laptopschränke.
Valerie Diggs, die Leiterin von Chelmsford High Learning Commons, antwortet auf die Frage, wie sie zu dem Modell „learning commons" gekommen ist, dass dies die logische Folge des Schulbibliotheksprogramms sei. Die Schulbibliothek sei der zentrale Ort für fast alles Wichtige in der Schule. Mit dem neuen Design passe sie noch besser zum Programm.

- Die **Twickenham-Academy** ist eine besondere Sekundarstufenschule im Großraum London. Hier arbeitet man nach dem schwedischen Kunskapsskolan-Modell: Schüler, Eltern und Lehrer verabreden zu Beginn eines Schuljahres den Lernplan, den ein Schüler im Laufe des Schuljahres durcharbeitet. Jeder Schüler hat einen individuellen Stundenplan und wird von einem Tutor begleitet, mit dem er sich jede Woche berät. Dieser Tutor unterstützt, kontrolliert und dokumentiert den Lernprozess. Ziel dieses Schulmodells ist, dass die Schüler altersentsprechend lernen, Verantwortung für sich und ihr Lernen zu übernehmen.
  Drei Schulen dieser Art gibt es in Groß-Britannien. Sie gehören zu einer gemeinnützigen Einrichtung, die kein Schulgeld verlangt. Die Schulen werden von OFSTED, der englischen Schulinspektion, evaluiert und schneiden gut ab. Das Interesse der Eltern ist sehr groß, nur die Hälfte der angemeldeten Schüler/-innen, etwa 150, kann angenommen werden. Die Eltern nehmen über die Lernplattform, das Portfolio und die Dokumentation der Tutoren Einblick in die Lernfortschritte ihrer Kinder.
  Auf den ersten Blick erscheint der Schultag unorganisiert zu sein. Die Schüler verschwinden nicht für die meiste Zeit des Tages in Klassentrakten. Tatsächlich haben sie aber einen Plan, den sie abarbeiten. Es findet weniger Klassenunterricht als in traditionellen Schulen statt, er wird zudem in verschiedenen Anforderungsniveaus erteilt. Es gibt eine große Auswahl an Kursen zu meist fächerübergreifenden Themen.

„Learning commons“ sind genau der richtige Lernraum für das anspruchsvolle Curriculum dieser Schule. Im normalen Klassenzimmer wäre es kaum umsetzbar. Es gibt schalldichte Kabinen, in denen man ungestört am Laptop arbeiten kann, es gibt Platz für größere Gruppen. Man kann sitzen, stehen, umhergehen, wie es gerade erforderlich ist. Zur Einrichtung gehören umklappbare interaktive Tafeln, die als Arbeitstische benutzt werden können und auf die dann ebenfalls projiziert werden kann. Informations- und Kommunikationstechnologie ist überall nutzbar. Eine Lernplattform wird von den drei Schulen gemeinsam betrieben.[178]

Chelmsford High ist das typische Beispiel, weil es keine futuristische Architektur oder ultramoderne Einrichtung hat.

Die „learning commons“ verstehen sich als Informationszentren für Schüler und Lehrer in allen Dimensionen des Lesens und Schreibens, der Mediennutzung, des Recherchierens und des kreativen Umgangs mit digitalen Medien. Für die Teacher-Librarians sind sie eine gewaltige Herausforderung, aber die Tätigkeit dort ist viel befriedigender, als lediglich Bücher auszuleihen.

Erstaunliche Gemeinsamkeiten eines Sterne-Restaurants und einer Schulbibliothek (Buffy J. Hamilton[179])

Auf den zweiten Blick gehört auch dieser Beitrag dazu: Teacher-Librarian Buffy J. Hamilton besucht ein Restaurant und bemerkt dort Ähnlichkeiten zu einer Schulbibliothek:

Eine gute Schulbibliothek funktioniert wie ein Sterne-Restaurant

Am Vorabend einer Tagung zu Schulbibliotheken in New Orleans war ich mit einer Freundin in einem Restaurant verabredet. Es war zauberhaft. Wir

178 Siehe Link 45(d) „Twickenham-Academy“, ein Videoclip der Planungsfirma

179 Vortrag auf der ISTE-Konferenz in Philadelphia, PA, am 28.6.2011; Verwendung mit freundlicher Erlaubnis der Autorin. Original: http://www.youtube.com/watch?v=B4RrKTjfil4

wurden freundlich begrüßt und zu einem Alkoven begleitet, der mich an die elegante Reisekutsche erinnerte, mit der Aschenputtel zum Ballsaal im Königsschloss gefahren wurde. Wir hatten eine in warmes Licht getauchte Nische für uns, hätten sogar Vorhänge zuziehen können, um ungestört über die Zukunft der Schulbibliotheken reden zu können. An der Wand hing ein TV-Monitor, falls wir die Nachrichten hätten sehen wollen.

Zwei Kellner standen uns zur Verfügung. Sie erläuterten die Speisekarte. Alle zwei Wochen gäbe es eine neue. Sie zählten die Zutaten der erlesenen Vorspeisen auf. Der Koch richtete sich nach meinen Wünschen und ließ weg, was ich nicht vertrage. Später brauchte ich auch nur das zu bezahlen, was ich tatsächlich gegessen hatte. Wir fühlten uns richtig wohl in diesem Restaurant mit dem angenehmen Raum, den aufmerksamen Kellnern und dem guten Essen.

Wenn ich darüber nachdenke, waren es verschiedene Merkmale, die den Abend in dem Restaurant angenehm machten: Die Vertrauenswürdigkeit, die Restaurant und Kellner ausstrahlten. Sie waren liebenswürdige, aufmerksame Gastgeber, die uns nicht einfach abgefertigt und uns dann die Rechnung hingelegt haben. Das Essen war hervorragend, der Service ausgezeichnet. Wir waren begeistert.

Dieses Hochgefühl erzeugt eine Stimmung, die Kopf und Herz beeinflusst und dazu führt, dass man sich öffnet und aufeinander zugeht. Natürlich sprachen wir die ganze Zeit über die Zukunft der Schulbibliotheken. Wir überlegten, wie wir die angenehme Atmosphäre, die den Abend in dem Restaurant bestimmte, auch in unseren Bibliotheken ermöglichen könnten.

Wenn wir als Schulbibliothekare begeistern wollen, müssen wir zuallererst wissen, wer das ist, für den wir da sind. Wir müssen uns Zeit nehmen und den Schüler/-innen zuhören. Wir müssen wissen, was sie interessiert, was sie mögen, wo sie Schwierigkeiten haben. Wir müssen auf sie zugehen.

Es sind diese drei Dinge, Liebenswürdigkeit (likability), Vertrauen (trustworthiness) und ein qualifiziertes Angebot, die wir herstellen müssen, wenn wir erreichen wollen, dass die Schüler/-innen auch gerne und immer wieder in die Bibliothek kommen, dass die Schulleiter uns unterstützen und die Lehrer uns als Partner sehen.

Die Schulbibliothek ist ja nicht für die Schulbibliothekare da. Lehrerkollegen, Eltern, Schulleitungen, die Schülerinnen und Schüler erarbeiten gemeinsam mit uns, den Schulbibliothekarinnen, das Rezept, das Drehbuch für das Lernen in und mit der Schulbibliothek.

Lehrer und Schüler wollen einen Ort, an dem sie sich wohlfühlen, der zum Lesen und Lernen verführt, wo sie Neues entdecken können, wo sie Rat und Unterstützung erhalten, etwa bei der Nutzung von Software oder in Kursen zur Verbesserung der Lesefähigkeit. Sie finden nicht zuletzt einen guten Medienbestand.

Wenn es uns gelingt, mit Schülern und Lehrern ins Gespräch über das Lernen in der Schulbibliothek zu kommen, wenn wir Vertrauen ausstrahlen, liebenswürdig sind und ein exzellentes Produkt haben, können wir die noch bestehenden Wände zwischen Schulbibliothek und Klassenraum zum Verschwinden bringen und die Schulbibliothek nahtlos in den Schulalltag einbetten und vor allem in die Köpfe einpflanzen.

Die Schulgemeinde, für die wir da sind, muss sich in der Schulbibliothek wiederfinden. Es ist ihre Schulbibliothek, nicht unsere. Wir sollten sie wie Gäste vertrauensvoll, kompetent und aufmerksam in einem angenehmen Raum empfangen. Dann werden wir sie begeistern können und sie kommen gerne wieder.

IX. Schulbibliotheken, Schulbibliothekare und Schulqualität

Schulbibliothekare sind die Katalysatoren der Schulbibliothek. Ohne sie bleibt auch die architektonisch außergewöhnlichste und medial bestens ausgestattete Schulbibliothek ohne großen Erfolg. Eine „aktive", erfolgreiche und zukunftsfähige Schulbibliothek entsteht durch vielfältige Angebote und Aktivitäten. Dies wird ebenfalls in dem Bericht über englische Schulbibliothekarinnen und in der nachfolgenden Stellenausschreibung deutlich. Wie wichtig die Zusammenarbeit von Schulbibliothekaren und Lehrern und eine Evaluation von Schulbibliotheksarbeit ist, wird in zwei weiteren Beiträgen geschildert.

Dass es bereits zukunftsfähige Schulbibliotheken gibt, zeigt das Beispiel der Berliner Lenauschule.

Lesende Grundschule: Die Lenauschule in Berlin

> Die Schulbibliothek wird zum Lesezentrum der Schule. Sie wirkt in die Schulgemeinde hinein: Familien erhalten Lesekoffer, Mütter lesen vor. Die „Produktionen" der Schüler/-innen, selbst gefertigte Bücher, szenische Interpretationen, Schatten- und Figurentheater, sind wesentlicher Bestandteil der Schulkultur:

Das Interesse an Schulbibliotheken ist in den Grundschulen genauso so hoch wie in den Sekundarstufenschulen. Die Bereitschaft von Eltern, sich zu engagieren, ist sogar größer und nimmt erst ab, wenn die Kinder nach vier bzw. sechs Jahren in die Sekundarstufe wechseln.

Ein Beispiel für die besondere Rolle, die eine Schulbibliothek in der Grundschule spielen kann, gibt die Lenauschule in Berlin-Tempelhof. Die Schule reagierte auf eine starke Veränderung ihrer Schülerschaft. Immer mehr Schüler mit Migrationshintergrund mussten aufgenommen werden.

In der Folge suchten immer mehr Eltern leistungsstarker Schüler eine andere Schule für ihre Kinder.

Daraufhin wurden Schritte eingeleitet, um die Attraktivität der Schule wieder herzustellen. Dazu gehörte unter anderem auch der Aufbau einer bemerkenswerten Schulbibliothek, die Dank einer besonders engagierten Lehrerin, Sybille Recke, ermöglicht und zur Basis für eine Reihe von Projekten wurde. Hier seien nur die über die „normalen" Aktivitäten hinausgehenden Projekte genannt:

- Für die Familien der Schulanfänger gibt es Lesekoffer, in denen Erstlese- und Bilderbücher sind
- Für die Ferien werden Buchkisten zusammengestellt. Jedes Kind der Klasse liest über die Ferien ein Buch. Nach den Ferien wird eine Buchvorstellung erarbeitet. Es entstehen Flyer, Plakate, Inszenierungen oder Tischtheater
- Die Eltern werden zu den Aufführungen eingeladen. In das Müttercafé können Mütter mit ihren Kleinkindern kommen
- Es gibt 30 ehrenamtliche Lesepatinnen
- Die Bibliothek hat ein breit gefächertes Angebot an Sachbüchern. Hier finden die Schüler in unterschiedlichem Anspruchsniveau Kinderbücher zu den Sachthemen. Die Bücher werden bei kleinen Vorträgen in den Klassen als Anschauungsmaterial benutzt

Die Schulbibliothek ist mit solchen Aktivitäten Zentrum der Lesekultur an der Schule. Sie schafft mit ihrem Bestand, ihren Aktivitäten und ihren Räumen eine Verbindung zwischen Unterricht, Freizeit und Elternhaus. Heute ist die Lesekultur so ausgeprägt, wie man sie aus englischen Grundschulen kennt.

Im Vordergrund der Aktivitäten steht die Transformation des Gelesenen in verschiedene Darstellungsformen. Indem die Schülerinnen und Schüler Szenen aus einem Buch vorspielen, ein Plakat dazu malen oder einen Vortrag vorbereiten, eignen sie sich den Lesestoff an. Sie denken über die Motive des Buchhelden oder auch über Sachthemen nach, fassen die Handlung zusammen und überlegen sich, wie sie selbst handeln würden.

Da diese Auseinandersetzung meist in Gruppen erfolgt, lernen sie auch die Gedanken und Vorstellungen anderer Kinder kennen und diskutieren darüber. Die Bücher schaffen Gelegenheiten, die Kinder zu Wort kommen zu lassen. Hier findet eine Verzahnung von einzelnem Kind und Gruppe und von mündlicher und schriftlicher Sprache statt.[180]

Die britischen Schulbibliothekarinnen des Jahres

> Die britischen „Schulbibliothekarinnen des Jahres" sind neben der Schulleitung wichtige Personen in ihren Schulen. Sie tragen mit ihren Aktivitäten und Mitteln zur besonderen Schulqualität bei:

Die Auslobung und Würdigung einer „Schulbibliothekarin des Jahres" ist eine Idee des britischen Schulbibliotheksverbandes.[181] Die jeweilige Preisträgerin macht aus der ganzen Schule eine lesende Schule, hilft bei der Informationsrecherche, sie leitet den Buchclub (Lehrer und Schüler nehmen teil), berät die Fachlehrer bei der Mediennutzung und nimmt an den Lehrerkonferenzen teil. Preisträgerinnen stellen Materialien für das Lesenlernen bereit, liefern Beiträge zur Schulhomepage und Inhalte für das Intranet. Sie sammeln nützliche Webseiten und geben Fortbildungskurse zu den Themen Computer und Software für das Kollegium. Der Schulbibliotheksverband kommt auf fast zwei Dutzend Leseförderaktionen in Schulbibliotheken.

Auch auf die Zusammenarbeit mit den Lehrern kommt es an. Die Schulbibliothekarin und die Klassenlehrer der neu einzurichtenden siebten Klassen studieren gemeinsam die Dokumentationen der Leseleistungen, die die abgebenden Grundschulen mitgeschickt haben. So kennen sie die

---

180 Die Leseförderung an der Lenauschule kann man in dem Dokumentarfilm „Es war einmal ein Zebra" von Gerburg Rohde-Dahl sehen. Ein Trailer steht auf der Webseite der Produktionsfirma: http://www.eswareinmaleinzebra.de/. Die Darstellung verdanke ich Informationen von Sybille Recke und den Angaben auf der Homepage der Schule: http://www.lenau.net/buecherei/buecherei.php

181 Es ist fast ausschließlich ein Frauenberuf. Etwa die Hälfte der britischen Schulbibliothekarinnen sind ausgebildete Bibliothekarinnen ohne pädagogische Zusatzqualifikationen. Daneben gibt es verantwortliche Lehrkräfte oder Personen mit einem anderen Abschluss. Etwa ein Drittel hat keinen akademischen Abschluss. Vgl.: http://www.cilip.org.uk/news-media/Pages/news072010.aspx

Lesestärken und -schwächen der neuen Schülerinnen und Schüler und können gezielt intervenieren. (Die Leistungsentwicklung jedes britischen Schülers wird während seiner gesamten Schullaufbahn dokumentiert.)

In der Hand von Schulbibliothekarinnen liegen die Durchführung der nationalen Buch- und Lesewochen und Aktionen wie „Die ganze Schule liest ein Buch“. Dabei handelt es sich um eine mehrmals im Schuljahr wiederholte Unterbrechung jeglichen Unterrichts zugunsten einer 20-minütigen Lesezeit, sei es in der Turnhalle oder im Physiksaal, aber auch im Sekretariat und der Hausmeisterloge.[182]

Sicher, es gäbe den Preis nicht, wenn alle hier erwähnten Aktivitäten schon Alltag in jeder britischen Schulbibliothek wären. Aber die bei der Preisverleihung gehaltenen Reden geben Aufschluss über Möglichkeiten und sind eine Fundgrube für Ideen.

In einer Lobrede auf eine Schulbibliothekarin des Jahres wird Folgendes aufgelistet: Ingrid sei Schulbibliothekarin in einer Gesamtschule mit Oberstufe mit 2000 Schülerinnen und Schülern (Klassen 5 – 12). Dort gebe es zwei Schulbibliotheken. Die Oberstufenbibliothek ähnele eher einer Universitätsbibliothek. Sie habe viele Einzelarbeitsplätze und einen lehrplanorientierten Medienbestand. Die Bibliothek sei in der Mittagspause voll, während der Unterrichtszeit kämen meist ganze Klassen herein. Die Mittelstufenbibliothek habe ebenfalls Platz für mehrere Klassen und sei von Ingrids Ideen bei der Gestaltung des Raumes geprägt, habe 16 PCs und einen guten Medienbestand mit einem großem Angebot an Belletristik. Ihr Stellvertreter sei für die EDV zuständig. Ingrid habe den Status einer Fachbereichsleiterin und vier Mitarbeiter/-innen unterstützten sie. Weiterhin zählt der Schulleiter in seiner Lobrede auf:

> „Die Bibliothekare haben Leitlinien erarbeitet. Ingrid nimmt an den Fachbereichskonferenzen teil, sie bringt die Bibliothek ein, wenn es um Schule und Lernen geht. Sie stellt wichtige Fragen und bietet den Lehrer/-innen immer Anregungen. Sie sieht sich als Lehrerin, als Informationsspezialistin, Kinderliteraturkennerin und

182 Links 29 und 33 „Drop Everything and Read“ und „Leseförderung in Groß-Britannien“ (beide in Englisch).

Managerin. Sie arbeitet mit Eltern, Schüler/-innen, Lehrer/-innen und Mitarbeiter/-innen zusammen. Sie berät eine Partnerschule in Indien, hat gerade einen Kurs in Lerntechnologie absolviert und einiges aus diesem Kurs schon umgesetzt. Nachrichten aus der Schulbibliothek sind häufig im Newsletter der Schule und im Aushang im Lehrerzimmer zu finden.

Alle neuen Klassen des Jahrgangs 5 werden in die Schulbibliothek eingeführt. Jeder Siebtklässler erhält eine individuelle halbstündige Einführung. Ingrid hat Unterrichtsmaterial zum Lernen und Recherchieren in den Klassen 7/8 erarbeitet, sie kooperiert mit Lehrerinnen und Lehrern beim Thema Arbeitstechniken wie dem Exzerpieren oder der Internetrecherche. Sie unterrichtet selbst, z. B. Geschichte mit Schwerpunkt auf Arbeitstechniken. Für das 10. Schuljahr hat sie Materialien zum Urheberrecht und zu Recherchetechniken erarbeitet.

Sie gibt Leseempfehlungen und Leselisten heraus, erarbeitet Materialien zur Verbesserung der Lesefähigkeit und für den Literaturunterricht. Sie organisiert Leseclubs und lädt Eltern für Schüler-Vorführungen und Präsentationen in die Bibliothek ein. Daraus ist ein Lesezirkel von Eltern entstanden. Grundschulklassen werden zu Bücherrallyes eingeladen und in der Mittagspause gibt es besondere Angebote.

Ingrid ist eine außergewöhnliche, leidenschaftliche Schulbibliothekarin. Sie hat einen unerschöpflichen Ideenvorrat und hört nicht auf, selbst zu lernen. Sie arbeitet an Veränderungen, wartet nicht, bis man auf sie zukommt. Was sie für diese Schule tut, ist eine ganze Menge.“[183]

Es wundert nicht, dass britische Schulbibliothekarinnen von Schülerinnen und Schülern auch schon zu Vertrauenslehrerinnen gewählt worden sind.

---

183 Aus der Lobrede auf Ingrid Hopson, 2007; siehe Link 50 „Eine britische Schulbibliothekarin des Jahres“.

Der Schulbibliothekar als Allroundtalent. Eine Stellenausschreibung

Gesucht wird ein Abteilungsleiter für digitales Lernen und Informationsdienstleistungen von einer katholischen Privatschule in Sydney, Australien, mit den Klassen 5-12.[184]

Seine Aufgaben:

- Leitung der Collegebibliothek und der Mitarbeiter/-innen im Bereich Informationsdienstleistungen. Beide Bereiche (also Bibliothek und Information) sind für pädagogische, fachliche und digitale Dienstleistungen zuständig
- Zusammenarbeit mit dem Abteilungsleiter EDV beim Auswählen, Entwerfen, Entwickeln von digitalen Lernprogrammen
- Zusammenarbeit mit den Fachbereichsleitern beim digitalen Lernen
- Bereitstellung von digitalen Ressourcen für Schüler und Lehrer und deren kompetente Unterstützung beim Medieneinsatz
- Zuständigkeit für das eLearning-Portal der Schule (mit OPAC)
- Orientierung der Bibliothek auf die Bedürfnisse der Lehrenden und Lernenden
- Die Unterrichtsverpflichtung beträgt 20% der Arbeitszeit

Voraussetzungen:

- Ausbildung als Teacher-Librarian
- Unterrichtspraxis (classroom teacher)
- Erfahrung im Bereich digitales Lernen

Erwünscht:

- Qualifikation in EDV und Lehrplanentwicklung

Wie alle Collegemitarbeiter/-innen wird der Abteilungsleiter regelmäßig beurteilt. Er untersteht direkt dem Schulleiter. Seine Mitarbeiter sind

184 Stellenanzeige des Saint Ignatius' College, Sydney-Riverview, http://heyjude.files.wordpress.com/2010/09/head_of_digital_learning_and_information_services.pdf

Bibliotheks- und Medienassistenten. Es wird erwartet, dass er sich, wie alle Kollegen der Schule, regelmäßig (einmal jährlich) weiterbildet.

An der Schule gibt es noch eine weitere besondere Art von Mitarbeiter: der „digital learning facilitator“. Dieser „facilitator“ ist ein Moderator, der den Lernprozess begleitet. Gemeint ist die Funktion, die z. B. die Recherchebibliothekarin in Gill St. Bernhards einnimmt.[185]

Schulbibliothekar und Fachlehrer: Collaboration statt Cooperation

Es gibt im Englischen zwei Ausdrücke für Zusammenarbeit: „collaboration“ und „cooperation“.[186] Zusammenarbeit im Sinne von Cooperation meint: Zwei Menschen oder auch zwei Firmen kooperieren, sie helfen sich gegenseitig und jeder profitiert davon. Manchmal ist es schon Cooperation, wenn man nicht gegeneinander arbeitet. Zusammenarbeit im Sinne von Collaboration bedeutet: Zwei Personen arbeiten gemeinsam an etwas Neuem, sie schreiben ein Buch, sie drehen einen Film. Diese Feinheiten der englischen Sprache sind hilfreich bei der Suche nach der Funktion der deutschen Schulbibliothek von morgen.

Collaboration ist das, was von amerikanischen Schulbibliotheksprofessoren propagiert wird: Eine verstärkte Form der Zusammenarbeit, die gemeinsame Planung und Durchführung von Unterricht durch Fachlehrer und Bibliothekslehrer. Gemeinsam erörtern sie diese Fragen:

- Was an dem Lehrplanthema ist bedeutsam?
- Was sollen die Schüler am Ende gelernt haben?
- Was hat das Thema mit der Lebenswelt der Schüler zu tun?

---

185 Nachgetragen sei: Etwa 2/3 der australischen Staatsschulen haben eine Schulbibliothek, wenn auch nicht auf dem Niveau des St. Ignatius Colleges. Aus deutscher Sicht bemerkenswert ist, dass sich das australische Parlament mit dem Thema Schulbibliotheken beschäftigt. Eine Parlamentskommission hat ein Gutachten mit Handlungsempfehlungen für das Kultusministerium erarbeiten lassen: „Schulbibliotheken und Schulbibliothekslehrer im 21. Jahrhundert“: http://www.aph.gov.au/Parliamentary_Business/Committees/House_of_Representatives_Committees?url=ee/schoollibraries/report.htm

186 Im deutschen Sprachgebrauch ist Kollaboration überwiegend mit Zusammenarbeit von Einheimischen mit einer feindlichen Besatzung konnotiert.

- Was bringen sie an Vorwissen mit?
- Wie ist der kognitive und soziale Entwicklungsstand der Schülerinnen und Schüler?
- Wie gehen wir methodisch vor?
- Wo könnte es Schwierigkeiten im Lernprozess geben?
- Wie können diese mit Hilfe der beiden Lehrer überwunden werden?

Die Stärke des Bibliothekslehrers liegt darin, geeignete Unterrichtsmedien vorzuschlagen, die Recherche von Materialien durch Schüler zu unterstützen, Unterrichtssequenzen zu übernehmen, insbesondere zum Thema Recherchieren, Zitieren, Präsentieren. Er stellt Links für Mediaquests zusammen. Er kennt Software, die nützlich sein könnte, um z. B. eine Umfrage durchzuführen, Google Maps für eine eigene Kartendarstellung zu modifizieren, ein Foto zu bearbeiten. Er berät beim Produzieren eines Videoclips oder eines Hörspiels. In fortgeschrittenen Schulbibliotheken sind oft genutzte Webtools auf den Rechnern oder sie liegen auf USB-Sticks für die Schülerinnen und Schüler bereit.[187]

Ende der 80er Jahre des letzten Jahrhunderts wurden die Schulbibliotheken in den USA zu „school library media centers“. Die Weiterbildung von Lehrern zum Teacher-Librarian bzw. „school library media specialist“ begann. Es war die Geburtsstunde des Modells der Zusammenarbeit von Fachlehrer und Bibliothekslehrer bei Planung und Durchführung eines Unterrichts, der sich auf die analogen und digitalen Ressourcen der Schulbibliothek stützt. Dieser Form der Zusammenarbeit kommt entgegen, dass amerikanische Lehrkräfte lange vor Unterrichtsbeginn in den Sommerferien in der Schule anwesend sein müssen und in dieser Zeit ihren Unterricht für das nächste Schuljahr vorbereiten.[188]

Es gibt Gründe, die auch in Deutschland für eine Weiterbildung von Lehrern zu Teacher-Librarians sprechen. Diese kennen sich in Theorie und Praxis des Unterrichtens aus und sprechen dieselbe Sprache wie die Fachlehrer. Sie wissen, was bedacht werden muss. Nicht zu unterschätzen

187 Link 20 „Digitale Schultasche“.

188 Die Collaboration ist zwar Thema in der Ausbildung und in der Fachliteratur, aber weit entfernt davon, im Schulalltag selbstverständlich zu sein. Das ist vergleichbar mit dem deutschen Referendariat, in dem Gruppenarbeit und offener Unterricht geübt werden und im Schulalltag dann Frontalunterricht vorherrscht.

ist ein in allen sozialen Organisationen bestehendes Phänomen: Kollegen arbeiten am liebsten mit Kollegen zusammen. Ein Studiendirektor, auch ein gestandener Hauptschullehrer, wird an der Planung seines Unterrichts eher mit einer Diplom-Bibliothekarin mit pädagogischer Weiterbildung zusammen arbeiten, die als Mitglied des Kollegiums mit allen Rechten und Pflichten ausgestattet ist, als mit Angestellten aus Verwaltungsbereichen.

Dass inzwischen in Schulbibliotheken Verwaltungsangestellte oder Beschäftigte in Arbeitsbeschaffungsmaßnahmen die Anerkennung von Schülern und Lehrern gewonnen haben und Schulleiter sich für ihre Weiterbeschäftigung einsetzen, spricht nicht gegen das Teacher-Librarian-Konzept. Ein Zwischenschritt in die richtige Richtung wäre es, diesem Personenkreis eine entsprechende Fortbildung zu ermöglichen und eine unbefristete Beschäftigung anzubieten. In Berlin startet im Rahmen der berufsbegleitenden Erzieherausbildung an einer Fachschule ein Modul „Medienpädagogik und Schulbibliotheksmanagement" (2012; es gibt dazu noch keine veröffentlichten Unterlagen). Schulleiter suchen Erzieher/-innen für Betreuungsaufgaben in Ganztagsschulen, keine Diplom-Bibliothekare oder Medienfachangestellte (früher: Bibliotheksangestellte). Daher erscheint es zumindest zurzeit realistisch, Erzieher/-innen für Aufgaben in der Schulbibliothek zu qualifizieren.

In Deutschland ist die geschilderte Art der Zusammenarbeit bisher unbekannt. Wenn von Zusammenarbeit die Rede ist, dann von Kooperationsverträgen, von Medien- und Bildungspartnerschaften zwischen öffentlicher Bibliothek und Schule. Der Kernauftrag der Schule, Wissen vermitteln und Verstehen lehren, bleibt außen vor. Die Zusammenarbeit bleibt für Bibliothekare oberflächlich, wenn sie sich darauf beschränkt, zu Bibliotheksführungen einzuladen, Informationskompetenzcurricula an Schulen heranzutragen, in der Stadtbibliothek Computerkurse oder Internetrecherche für Schüler/-innen anzubieten.

Unterricht in der Bibliothek ist für pädagogische Einzelkämpfer aufwändiger zu planen als der Unterricht nach dem Lehrbuch. Bei Lehrkräften könnte die Akzeptanz von Schulbibliotheken entscheidend erhöht werden, wenn sie im Schulbibliotheksspezialisten einen Partner hätten, der sie bei den Ressourcen, der Medienwahl und dem Medieneinsatz, beriete, bei einzelnen Schülern oder Gruppen im richtigen Moment Hilfestellung gäbe und bei der Recherche für ein Referat oder eine Gruppenarbeit weiterhülfe. Ein Partner im Sinne der Collaboration wird also gesucht. Für den Schulbibliothekar bietet sich in dieser Rolle die Chance, in den Unterricht hinein zu wirken. Dazu braucht es eine Person, die auf die Lehrer(kollegen) zugehen und Vorschläge machen kann. Am ehesten wird dies in Schulen gelingen, in denen das Kollegium schon das traditionelle Einzelkämpferdasein überwunden hat und untereinander Collaboration praktiziert, im Jahrgangsteam, beim Unterricht in Lernbereichen statt in Fächern und in der schulinternen Fortbildung.

Als konkretes Beispiel für eine funktionierende Collaboration soll hier der Bericht einer australischen Schulbibliothekarin dienen:

> „Als Teacher-Librarian in einer Grundschule mit 1300 Schülerinnen und Schülern arbeite ich eng mit allen Lehrern und Schülern zusammen. Meine Ausbildung und Erfahrung als Lehrerin befähigen mich, Informationskompetenz, Informations- und Kommunikationstechnologie und Literatur in allen Jahrgangsstufen in das Curriculum zu integrieren.
>
> Zum Beispiel arbeitete ich mit den 3. Klassen zum Thema Umwelt. Dies beinhaltet die Arbeit mit dem interaktiven Whiteboard, die Verwendung von Sachbüchern, die Einführung in bestimmte Textsorten, die Nutzung von Webanwendungen und das Lernen von Arbeitstechniken. Wir verwendeten Wordle (ein Programm, um Wort-Wolken zu generieren), um Fachausdrücke zum Thema zu sammeln. Wir suchten auf Flickr Fotos von Tieren, die im Great Barrier Reef leben. Dabei wurden auch Fragen des Urheberrechts und des Internets überhaupt angesprochen. Wir verwendeten Kim Michelle Toft's Bilderbuch ‚One Less Fish' und einige Sachbücher über das Great Barrier Reef. Dabei wurden Arbeitstechniken der Informationsentnahme aus Sachbüchern gelernt. Anhand des wunderschönen Bilderbuchs über die Nahrungskette, ‚Food Chain' von P. J. Robertson, diskutierten wir die Folgen einer Schädigung des Great Barrier Reefs. [Dort ereignete sich kürzlich eine Schiffshavarie; GS.] Eine Mindmap auf dem Smartboard wurde gemäß den Vorgaben der Unterrichtseinheit weiter entwickelt. Mit Jigsaw Planet entstand ein Umwelt-Puzzle. Meine Stunden in der

Bibliothek ergänzten den Unterricht in der Klasse, wo die Kinder an einer Umweltverträglichkeitsstudie zum lokalen Nudgee-Strand schrieben.

Ich nenne ein anderes Beispiel: Im vierten Schuljahr wollten die Lehrer ihren Schülern beibringen, wie sie Bücher finden, ohne einen Computer zu benutzen. Wir haben mit Easiteach auf einer Karte der Bibliothek die Standorte verschiedener Typen erzählender Literatur lokalisiert und erklärt, warum sie an verschiedenen Stellen im Regal stehen. Auch die Signaturen wurden anhand der Neuerwerbungen erklärt, von denen die Kinder so erfuhren.

Als es um das Schreiben von Ansichtskarten ging, haben wir mit dem Bilderbuch ‚Wann sind wir endlich da?' gearbeitet und eine interaktive Ansichtskarte erstellt, über das Leben in anderen Ländern gesprochen und diese auf der Karte gesucht.

Im gleichen Zeitraum arbeitete ich mit allen ersten Klassen in wöchentlichen Orientierungsveranstaltungen (Alphabet kennen, Ausleihregeln beachten, Finden von Bilderbüchern, Benutzung des Smartboards). Wir hatten auch Zeit zum Vorlesen. Manche Fotos aus den Büchern wurden auf dem Smartboard gezeigt und genauer betrachtet. Wir machen auch unsere eigenen Bücher über die Bibliotheksregeln.

Dann ist da noch meine Rolle bei der Fortbildung der Lehrer. Das funktioniert, weil sie mich als Lehrerin anerkennen. Ich biete IKT-Kurse an, darunter auch die Smartboardnutzung. Mein Schwerpunkt ist zu zeigen, wie man IKT wirksam in den Unterricht integriert.

Die Ausbildung und Erfahrung als Bibliothekarin erlauben mir, die Bibliothek effektiv zu verwalten. Auch während ich 17 Stunden pro Woche unterrichte, wird erwartet, dass die Bibliothek funktioniert. Dafür trainiere ich Hilfskräfte und Ehrenamtliche, die sozusagen im Hintergrund arbeiten, wenn ich unterrichte. Ohne ihre Hilfe könnten die jährlich für ca. 30.000 € beschafften Medien nicht eingearbeitet werden.

Wegen meiner Ausbildung und Erfahrung als Lehrerin, meiner Zusammenarbeit mit den Fachlehrern und meiner Mitarbeit in den Fachkonferenzen bin ich gut aufgestellt, um geeignete Medien auszuwählen und ihre Verwendung durch die Lehrer zu fördern. Ich kann Ressourcen – gedruckt oder elektronisch – beurteilen und sofort sehen, wo sie in den Lehrplan unserer Schule passen. Wir haben einen ausgewogenen, angemessenen Bestand relevanter Bücher und Medien, der intensiv genutzt wird. 10.000 Ausleihen sind es zu jeder Zeit."[189]

Die Fähigkeit zu Cooperation und Collaboration sollte ein Bibliothekar unbedingt haben – seine Zusammenarbeit wird ein guter Schulbibliothekar auf einen noch größeren Personenkreis ausweiten, wenn er gut vernetzt ist:

- Journalisten müssten wissen, wie man recherchiert und gute Berichte schreibt. Die zahlreichen Projekte unter dem Titel „Zeitung in der Schule" enthalten Aspekte, die auch für die „aktive" Schulbibliothek wichtig sind
- Biologie- oder Geschichtsstudenten und Stadtarchivare könnten ihre Fach- und Methodenkenntnis in kleine „Forschungsprojekte" einbringen
- Pensionierte Lehrer könnten bereit sein, ihr Fachwissen der Schulbibliothek zur Verfügung zu stellen
- Der Informatikkurs oder ein Informatiklehrer helfen bei einem Programm für die Auswertung eines Fragebogens oder bei der Programmierung einer App für die Schulbibliothek.

Wenn wir uns schon den Schulbibliothekar als ein Allroundtalent wünschen, so muss er aber keineswegs ein Alleskönner sein.

---

189 Mit freundlicher Genehmigung von Helen Mackintosh übersetzt. Original: The Hub, 5.5.2010: http://hubinfo.wordpress.com/2010/05/05/why-do-we-need-teacher-librarians-in-our-school-libraries/

Qualitätsentwicklung und Evaluation in Schulbibliotheken (Markus Fritz)

Dr. Markus Fritz zeichnet den Weg zur Qualitätssicherung in den Südtiroler Schulbibliotheken nach: Das Amt für Bibliotheken und Lesen in Zusammenarbeit mit der Dienststelle für externe Evaluation des Deutschen Schulamtes hat Kriterien für eine Evaluation der Schulbibliotheken erarbeitet. Es gibt transparente Merkmale für eine gute Schulbibliothek. Die Qualitätsstandards und Qualitätssicherungsverfahren werden weiterentwickelt. Sie stärken die Position der Schulbibliothek in der Schule, aber auch gegenüber Schulverwaltung und Schulpolitik. Die erfolgreiche Evaluation der Schulbibliothek wird für die Schule als Element der Schulqualität wichtig.

Wer in Südtirol eine öffentliche Bibliothek besucht, dem wird vielleicht an der Eingangstür ein blauer Aufkleber mit der Aufschrift „Hallo Qualität!" aufgefallen sein. Dies bedeutet, dass die Bibliothek das Qualitätszertifikat erworben hat und ihre Arbeit nach Qualitätsstandards ausrichtet.[190] Auch die Schulbibliotheken haben sich auf den Weg gemacht, um die Qualität ihrer Arbeit und ihres Angebots zu verbessern. Sie stellen sich einer internen und externen Evaluation.

Zahlreiche internationale Studien beweisen, dass es einen Zusammenhang zwischen der Schulbibliothek, ihrem Personal, ihrer Ausstattung und dem Lernerfolg und der Freude am Lesen der Schüler gibt.[191] Um sicherzustellen, dass eine Schulbibliothek gut ausgestattet und gut geführt wird, ist ein Qualitätsmanagement wichtig und notwendig, das den Beteiligten hilft, die eigene Arbeit zu überprüfen und zu verbessern.

---

190 http://www.provinz.bz.it/kulturabteilung/bibliotheken/qualitaet-in-bibliotheken.asp

191 Vgl. Ontario Library Association (2006): School libraries and student achievement in Ontario, S. 6. URL: http://www.accessola.com/data/6/rec_docs/137_eqao_pfe_study_2006.pdf .
Vgl. dazu auch: School Librarians Continue to Help. Students Achieve Standards: The Third Colorado Study (2010): http://www.lrs.org/documents/closer_look/CO3_2010_Closer_Look_Report.pdf

Qualitätssicherung in Schulen und Schulbibliotheken

In Südtirol werden externe Schulevaluationen durch die Dienststelle für externe Evaluation im Deutschen Schulamt durchgeführt[192] Bei den Schulevaluationen kann die Schulbibliothek nur sehr oberflächlich evaluiert werden. Da eine Ausarbeitung der Kriterien für die Schulbibliothek innerhalb dieser allgemeinen Schulevaluation aber den Rahmen sprengen würde, entwickelte das Amt für Bibliotheken und Lesen in Zusammenarbeit mit der Dienststelle für externe Evaluation Kriterien für eine eigene Evaluation der Schulbibliotheken.

Mit Hilfe von Qualitätsstandards und Qualitätssicherungsverfahren kann die Schulbibliothek ihre Position gegenüber mehreren Stakeholdern stärken und sich auf Verwaltungs- und auf politischer Ebene absichern.

Diese Stakeholder haben unterschiedliche Erwartungen und Interessen bezüglich der Erfüllung dieser Standards. In der folgenden Übersicht werden die Stakeholder und ihre Interessen bei einem Qualitätssicherungsverfahren bezogen auf das Land Südtirol aufgezeigt.

Stakeholder	Interessen
Amt für Schulpersonal	Werden die Personalressourcen sinnvoll eingesetzt?
Amt für Schulfinanzierung	Werden die finanziellen Ressourcen sinnvoll eingesetzt?
Amt für Bibliotheken und Lesen	Wie qualitativ arbeitet die Schulbibliothek?
Schulgemeinschaft	Leistet die Schulbibliothek einen Beitrag für die Schule, wie im Schulprogramm festgelegt?
Dienststelle für externe Evaluation	Wird nach Qualitätskriterien gearbeitet?

192 www.schule.suedtirol.it/evaluation

Qualitätsstandards für Südtiroler Schulbibliotheken

Ausgehend vom Schulbibliotheksmanifest der UNESCO, den Richtlinien der IFLA/UNESCO für Schulbibliotheken, sowie Richtlinien und Standards für Schulbibliotheken aus der Schweiz, Ohio, Kanada und Großbritannien[193] wurden in enger Zusammenarbeit mit der Dienststelle für externe Evaluation Qualitätsstandards für Südtiroler Schulbibliotheken entwickelt.

Für eine „Bibliothek einer großen Schule“[194] beispielsweise gelten 31 Qualitätsstandards, die auf folgende neun Bereiche aufgeteilt sind:[195]

1. Rahmenbedingungen und Organisation
2. Raum und Einrichtung
3. Technische Ausstattung
4. Personal
5. Bestand
6. Aktionen und Programme (Leseförderung und Bibliotheksdidaktik)
7. Öffentlichkeitsarbeit und Kooperation
8. Feedback, Erfolg und Evaluation
9. Einfluss auf den Lernerfolg

Nach einem Punktesystem werden maximal 133 Punkte vergeben. 65% der Gesamtpunktezahl (86 Punkte) müssen erreicht werden, damit das Audit erfolgreich bestanden wird. Zu den einzelnen Standards gibt es transparente Kriterien für die Punkteverteilung. So kann beispielsweise eine Bibliothek im Bereich „Bibliotheksdidaktik“ (Standard 6.2) die Höchstpunktezahl erreichen, wenn „ein mehrteiliges, aufeinander aufbauendes Programm zur Vermittlung der Informations- und Medienkompetenz umgesetzt wird, das in die Curricula eingebunden und für alle Schüler/-innen verpflichtend

---

193 Vgl. dazu auch: Fritz, Markus/Volgger, Karin: Qualitätsentwicklung in Schulbibliotheken. Ein Überblick über internationale Standards und die Umsetzung in Südtirol. In: BuB (2010), H. 11/12, S. 811 - 814

194 Eine „Bibliothek einer großen Schule“ hat laut Schulbibliotheksgesetz mindestens 20 Klassen. Daneben gibt es „Bibliotheksdienste zusammengeschlossener Schulen“, welche mindestens 24 Klassen haben müssen. Zwei oder mehrere kleine Schulen können sich zu Bibliotheksdiensten zusammenschließen.

195 Vgl. dazu auch: http://www.provinz.bz.it/kulturabteilung/bibliotheken/2475.asp

ist".[196] Neben der Bibliotheksdidaktik spielen die Leseförderung (max. 10 Punkte), die Verankerung im Schulprogramm (max. 10 Punkte), der Medienbestand (max. 22 Punkte) sowie das Feedback, die Nutzung und die Auswirkungen auf den Lernerfolg (max. 18 Punkte) eine zentrale Rolle.

Bei den Standards handelt es sich keinesfalls um in Stein gemeißelte Richtlinien, vielmehr arbeiten wir ständig an der Verbesserung. Die Tendenz geht eindeutig in Richtung stärkere Gewichtung der pädagogisch-didaktischen Nutzung der Schulbibliothek. In Zukunft werden pädagogische Aufgaben wichtiger als bibliothekarische. Dies wird auch Auswirkungen auf die Qualitätsstandards und deren Gewichtung haben.

Das Audit

Die Schulbibliothek bereitet die Unterlagen vor. Diese werden ca. drei Wochen vor dem Audit den Auditoren übermittelt. Die drei Auditoren (ein Vertreter des Amtes und zwei hauptamtliche Schulbibliothekarinnen) besuchen die Schulbibliothek vor Ort und besprechen mit dem Bibliotheksteam die zur Verfügung gestellten Unterlagen.

Die drei Auditoren formulieren einen Auditbericht. Dieser Auditbericht enthält eine ausführliche Potentialanalyse (Stärken – Schwächen – Analyse).

Der Auditbericht wird anschließend vor Ort dem Bibliotheksteam und der Schulleitung übermittelt und besprochen. Die Ergebnisse des Audits werden dem Personalamt, dem Schulamt und der Dienststelle für externe Evaluation übermittelt. Zum Abschluss wird der auditierten Bibliothek im Rahmen einer bibliothekarischen Veranstaltung das Qualitätszertifikat verliehen. Das Schulamt zahlt außerdem der auditierten Bibliothek eine Prämie aus. Die Schulbibliotheken melden sich nach vier Jahren zum Wiederholungsaudit an.

196 Ebd.

Fazit

Die Rückmeldungen der auditierten Bibliotheken waren äußerst positiv: „Durch das Audit wurde die Position der Schulbibliothek in der Schulgemeinschaft gestärkt, alle Lehrer wurden auf die Schulbibliothek aufmerksam und die Schulleitung war ebenfalls zufrieden. Ein Audit ist ein guter Grund, die Arbeit der Bibliothekarinnen und Bibliothekare aufzuzeigen und ernst zu nehmen; es bringt Selbstbewusstsein und Freude über die geleistete Arbeit", so lautet das Fazit der Schulbibliothekarin des Schulsprengels Ritten. Die Schulbibliothekarinnen der Mediothek KIWI schreiben über das Qualitätsaudit: „Von der Evaluation erhofften wir uns von Anfang an nicht nur eine Standortbestimmung, sondern auch einen Entwicklungsschub für unsere Mediothek und eine zusätzliche – wie immer geartete – schulinterne und externe Förderung. Tatsächlich lieferte die Evaluation nicht nur nacktes Zahlenmaterial, sondern bot Gelegenheit, über die Rolle der Schulbibliothek an der Schule nachzudenken und einen wertvollen Input von außen zu bekommen. Die eigene Leistung freiwillig bewerten zu lassen, hat vielleicht zuerst ein bisschen Mut vorausgesetzt, wir haben es aber nicht bereut. Im Gegenteil – unsere Zufriedenheit ist gewachsen, das stolze Gefühl, ‚nachweislich' gute Arbeit geleistet zu haben, die ansonsten oft unbemerkt bleibt. Unsere neue Herausforderung lautet jetzt: Das Niveau halten!"

Durch das Audit wird die Arbeit der Schulbibliothekar/-innen sichtbar gemacht, die Stärken und Schwächen der Schulbibliothek werden aufgezeigt, die Fragen nach der Rolle, der Funktion und den Aufgaben der Schulbibliothek innerhalb der Schulgemeinschaft werden thematisiert, die Rahmenbedingen für die schulbibliothekarische Arbeit werden unter die Lupe genommen.

Für das Bibliotheksamt und die Auditoren gilt die Maxime: Hilfestellung und Unterstützung statt Kontrolle. Gemeinsam arbeiten wir an der Weiterentwicklung der Schulbibliotheken in unserem Land. Damit die Schulbibliothek innerhalb der Schulgemeinschaft auch in Zukunft eine wichtige Rolle spielen kann, muss sie sich positionieren. Sie muss neben dem Bereitstellen eines aktuellen Medienbestandes auch einen Beitrag leisten zur Vermittlung der Lese-, Methoden-, Informations- und Medienkompetenz. Schulbibliotheken sind dann sinnvoll, wenn ihre Funktion, ihre Aufgaben und Ziele im didaktischen Konzept der Schule verankert sind und sie einen konkreten und messbaren Beitrag zur Unterrichtsentwicklung leisten. In diesem Zusammenhang spielt die Qualitätsentwicklung eine zentrale Rolle.

Fünf Schulbibliotheken haben bis heute das Audit erfolgreich bestanden. Auf deren Eingangstür findet man nun auch das blaue Qualitätszertifikat.

X. Fazit – Der Weg zur Utopie

Welche Schritte sind notwendig für eine zukunftsfähige Schulbibliothek? Es wäre viel gewonnen, wenn es gelänge, Bibliotheks- und Erziehungswissenschaftler zusammenzubringen, um an einem nationalen Schulbibliotheksplan zu arbeiten. An einem Konzept, das von Schule, Schulqualität, Verbesserung der Lesefähigkeit und dem kreativen Umgang mit Medien ausgeht.

Politik braucht Handlungsanleitungen, sie braucht ein Konzept, in dem steht, was es „bringt", was zu tun ist und was es kostet. Ein nationaler Masterplan statt punktueller Modellversuche mit einzelnen neuen Schulbibliotheken ist gefragt.

In einem Land mit 16 Schulministerien, kommunaler Zuständigkeit für Bibliotheken und kürzlich verschärfter Aufgabentrennung zwischen Bund und Ländern ist ein nationaler Masterplan allerdings nicht „Eins zu Eins" umsetzbar. Es könnte aber zunächst in einem Bundesland gelingen, wenn es sich eine Landesregierung zur Aufgabe machte, in moderne, multimediale und -funktionale Schulbibliotheken zu investieren.

Und dies sind die Parameter eines Masterplans:

- **Die Schulbibliothek ist von der Schule her zu denken**
  Es sind Schule allgemein und die jeweilige Schule, aus denen heraus entwickelt wird, wozu eine Bibliothek in der Schule gebraucht wird. Schulpädagogik, Lernpsychologie, Neurobiologie, Ergonomie und Arbeitsmedizin tragen dazu bei, die Frage nach optimalen Räumen für schulisches Lernen zu beantworten. Die Räume müssen individualisiertes Lernen, Lernen in Gruppen, selbstständiges, handlungsorientiertes und produktorientiertes Lernen ermöglichen.

- **Die Schulbibliothek ist Lernraum oder in eine „Lernlandschaft" eingebettet**
  Aus den pädagogischen Vorgaben werden Pläne für einladende Räume mit flexiblen Möbeln und multimedialen Geräten entwickelt. Im

Kapitel „Attraktive Lernorte" wurde gezeigt, in welchen Räumen Lernen zukünftig stattfindet. Architekten müssen mit Pädagogen zusammenarbeiten, bevor sie ihre Entwürfe einreichen. Schulleitung und Kollegium der jeweils konkreten Schule sollen die Möglichkeit haben, ihre Erwartung an die Räume, in denen sie arbeiten werden, einzubringen.

- **Die Schulbibliothek ist eine „aktive" Institution**
  Der Umgang mit Büchern und Medien ist handlungsorientiert. Die Bibliothek ist kein Wissensspeicher, in dem still gelesen oder ausgeliehen wird. Sie ist kein Trainingslager für PISA-Tests, sondern fördert das Lesen, das Schreiben und das Denken in einer sehr viel breiter angelegten Weise. Erziehungswissenschaftler, Medien- und Theaterpädagogen sowie Informationswissenschaftler tragen mit ihrem Wissen dazu bei. Daraus lässt sich eine Aufgabenbeschreibung entwickeln.

- **In die Schulbibliothek gehören Informationstechnologie und digitale Geräte**
  Die „digitale Sozialisation" der Kinder und Jugendlichen fließt auch in das Raum- und Aktivitätskonzept der zukünftigen Schulbibliothek ein. Die Befunde der Jugendkulturforschung finden Eingang in Planung und Ausstattung der Räume. Ziel ist der aktive, kreative Umgang mit elektronischen Medien.

  Neue Geschäftsmodelle für die Ausleihe digitaler Medien in der Schule, landesweite Plattformen oder Streaming aus Clouds sollten mit Unterstützung des Staates geschaffen werden, um die Abhängigkeit der Schulen von Internetkonzernen überschaubar zu halten.

- **Die Leistungen der Schulbibliothek müssen evaluiert werden**
  Schulleiter/-innen müssen in ihrer Ausbildung Kriterien kennenlernen, mit denen sie die Arbeit in der Schulbibliothek erkennen und bewerten können. Die Institute, die Schulinspektionen durchführen, müssen die Schulbibliotheken in ihre Überprüfung einbeziehen. Als Beispiel sei auf die britische Schulinspektion Ofsted verwiesen. Sie hat die Beobachtung von Leseförderungsmaßnahmen sogar zu einem Schwerpunkt gemacht. Die Wirkungsforschung amerikanischer Schulbibliotheksforscher untersucht, welche Faktoren aktiver Schulbibliotheken positive Auswirkungen haben.

- **Neue bibliothekarische Kernfunktionen**
  Die Überwindung der „vier Wände“ der Schulbibliothek, ihr Sichtbarwerden in der gesamten Schule, erfordern ein verändertes Organisationskonzept und eine veränderte Arbeitsplatzbeschreibung für den Schulbibliothekar. So wird der Bestand digitale und nicht-digitale Medien umfassen und die Erschließung der Medien erfolgt durch einen iOPAC. Das „Marketing“ der Bibliothek im Schulalltag geschieht ebenfalls digital, z. B. auf der Lernplattform der Schule, durch Fortbildungsveranstaltungen für die Lehrer, durch Unterstützung von Lehrern und Schülern bei der Nutzung von Software und des Internets, durch buchbezogene Medienproduktionen, die letztlich fürs Lesen werben.

- **Neue Schulbibliothekare**
  Vom Wort „Allroundtalent“ sollte man sich nicht abschrecken lassen. Schulbibliothekar ist ein pädagogischer Beruf – ein Schulbibliothekar muss auf jeden Fall wissen, wie man unterrichtet. Aber weder Lehrer noch Bibliothekare sind nach Abschluss ihrer primären Berufsausbildung ausreichend auf die Arbeit in der Schulbibliothek vorbereitet.

  Nötig ist eine zusätzliche Qualifikation. Man muss sich nur umschauen, um zu sehen, welche Personalkonzepte die anderen haben. In Portugal verlangte das Erziehungsministerium schon in einer Übergangszeit vor der Einrichtung eines Ausbildungsganges, dass Bewerber/-innen für Schulbibliheksstellen individuell Qualifikationen nachweisen, die in naheliegenden Bereichen erworben wurden, z. B. Literaturkenntnis, musisch-künstlerische Praxis, Pädagogik, Arbeit in einer Jugendbibliothek.

  So wie es im Unterricht vor allem auf den Lehrer ankommt, kommt es in der Schulbibliothek vor allem auf den Schulbibliothekar an.

Ein Masterplan „Schulbibliotheken“, der diese sieben Parameter berücksichtigt, wird einen wertvollen Beitrag zur Verbesserung der Schulqualität leisten.

Anhang

Lourense H. Das: ENSIL, European Network of School Libraries and Information Literacy

Geht es auch eine Nummer kleiner? Schulbibliothek „von unten“

„Der preußische Schulbibliothekserlass“ von 1928 und
„Nach 1928 passierte nicht mehr viel“

Glossar

Literaturliste*

Links*

Biographische Notizen

*Literaturliste und *Links stehen im Internet unter:
www.bibspider.de/schulbibliothek-im-zentrum

ENSIL: Die treibende Kraft für Schulbibliotheken in Europa

Die europäischen Teilnehmer/-innen der Weltschulbibliothekskonferenz in Malmö im Jahr 2000 stellten fest, dass sie, bei allen Unterschieden im Schul- und Bibliothekswesen und im kulturellen und sozialen Bereich, eine gemeinsame Sicht auf Schulbibliotheken hatten. Drei Jahre später entstand ENSIL, European Network for School Libraries and Information Literacy, das europäische Netzwerk für Schulbibliotheken und Informationskompetenz.

Mit der „Erklärung von Amsterdam" wurde die Grundlage für ein allmählich wachsendes Netzwerk von Lehrern und Schulbibliothekaren gelegt. Der Austausch von Meinungen und Ideen begann. Man traf sich auf Konferenzen. Ungeachtet der unterschiedlichen nationalen und regionalen Regelungen gab es eine gemeinsame Vision:

Die Schulbibliothek erfüllt eine wichtige Aufgabe in der Schulgemeinde. Sie fördert das Lesen und befähigt die Schülerinnen und Schüler zum Umgang mit den Informations- und Kommunikationsmedien des 21. Jahrhunderts. Studien zeigen auf, dass Kinder und Jugendliche den effizienten Gebrauch der unterschiedlichen Medien erlernen müssen. Wenn sie gerne und gut lesen und mit Informationen umgehen können, verbessern sie ihre Leistungen.

2008 wurde ENSIL in den Niederlanden als Stiftung eingetragen. Das Ziel ist, die Zusammenarbeit und die Professionalisierung der in Europa in Schulbibliotheken Arbeitenden voranzubringen und den Informationsaustausch zu ermöglichen. ENSIL wurde Partner von regionalen und nationalen Organisationen. Manche Aktivitäten erreichten einige Tausend Menschen. Am erfolgreichsten war die Kampagne „Eine Bibliothek in jeder Schule!" – A Library in Every School, ALIES. Andere Organisationen, darunter IFLA und IASL, übernahmen ALIES. Die Kampagne wurde in mehrere Sprachen übersetzt und hat eine Seite in Facebook.

Die Stimme der Stiftung wird gehört, obwohl sie weder über Finanzmittel noch über hauptamtliche Mitarbeiter verfügt. Fast ein Jahrzehnt verbindet sie jetzt Schulbibliothekare und Organisationen, die sich für Schulbibliotheken einsetzen.

Lourense H. Das
President and coordinator Stichting ENSIL

http://www.ensil.eu

(Übersetzung: G. Schlamp)

Geht es auch eine Nummer kleiner? Schulbibliothek „von unten“

Es ist zu befürchten, dass die hier geschilderte Vision einer multimedialen „Lernlandschaft“, in der Bibliothekslehrer und Fachlehrer gemeinsam Schüler unterrichten, auf manchen Leser eher entmutigend als motivierend wirkt. „Da kommen wir nie hin!“ wird er denken. Schnell wird sich die Vision allemal nicht durchsetzen lassen, von der einen oder anderen Schule mit engagierten Schulleiter/-innen einmal abgesehen.

Dennoch gründen Eltern oder Lehrer unermüdlich Schulbibliotheken, auch dann, wenn Schulverwaltung und Bildungspolitik dabei keine Hilfe leisten.[197]

Wie gelingt nun eine solche „Schulbibliothek von unten“? Man muss die **Schulgemeinde** für das Projekt gewinnen und die Unterstützung der schulischen Gremien bekommen. Die Schulbibliothek kann dann in die Strukturen der Schule, in den Haushaltsplan, die Konferenzen, das Schulprogramm und das Curriculum eingebettet werden. Sie darf nicht zum fünften Rad am Wagen werden. Sie soll mittendrin, statt außen vor sein.

Dies will ich keineswegs als Königsweg zur Schulbibliothek propagieren. Die „Schulbibliothek von unten“ wird immer eine pragmatische Lösung sein. Anstatt die Hände in den Schoß zu legen und auf „den Staat“ zu warten, ist es aber wichtig, „zu trommeln“, einfach anzufangen. Es wird fast immer gelingen.

Nicht im ganzen Kollegium löst die Schulbibliotheksidee Begeisterung aus. Denn sie ist Konkurrent um die knappen Haushaltsmittel. Ältere Projekte, etwa der Schulgarten, das Beleuchtungsset für die Theaterbühne, die Kletterwand, der Kauf des Klaviers, drohen, in den Windschatten zu

---

197 Die baden-württembergische Kultusministerin Warminski-Leitheußer muss sparen. Sie streicht Deputatstunden der Lehrer. Als bestes Beispiel für Einsparungen führt sie die Schulbibliothek an. Da fände keine pädagogische Arbeit am Kind statt. Das aber sei die eigentliche Aufgabe von Pädagogen. Die Ministerin kennt nur die Verwaltungsarbeit in der Schulbibliothek. 12.7.2012, online: http://www.dradio.de/dlf/sendungen/campus/1810043/ Vgl. Links 56 a, b, c „Schulbibliotheken im Internet“

geraten. Man braucht Geduld, diplomatisches Geschick, muss Allianzen schmieden und Win-Win-Situationen schaffen.

Wer über das Ausleihen von Kinder- und Jugendliteratur hinaus die Schulbibliothek zu einem Lese- und Informationszentrum der Schule machen will, darf das Kollegium nicht außen vor lassen. Wenn die Lehrer merken, dass die Schulbibliothek ihnen etwas „bringt", werden sie in der Gesamtkonferenz für Anliegen der Bibliothek stimmen.

An dieser Stelle sollen einige wenige **Tipps und Tricks** genannt werden, die helfen, die Bibliothek in der Schulgemeinde zu verankern, Geldgeber zu finden und das Kollegium zu überzeugen. Nicht zuletzt macht es einem Eltern-Lehrerteam Spaß, wenn es das Schulleben mit neuen Ideen bereichern kann.

- Am Anfang steht die **Raumsuche**. Es gibt Schulen, die aus allen Nähten platzen, oft aber reicht ein Rundgang, um auf Ideen zu kommen. Kann man diesen Raum entrümpeln? Könnte jemand mit seiner Klasse umziehen? Hier müsste bloß eine Wand weggenommen, dort eine Tür eingesetzt werden. Bis dies umgesetzt wird, kann in staatlichen Verwaltungen viel Zeit vergehen, es ist aber nicht aussichtslos. Gibt es eine leerstehende Hausmeisterwohnung, einen ungenutzten Raum mit alten Computern und Monitoren, einen Filmraum mit einem verstaubten 16mm-Projektor? Wenn eine Um- oder Neubauplanung bevorsteht, ist zu überlegen, ob man die Schulbibliothek in die Planung für die Mensa oder den neuen Klassentrakt einbringen kann.[198]

- Wenn die **Schulleitung** hinter dem Projekt steht, ist viel gewonnen. Gute Schulleiter/-innen finden meist einen Geldtopf. Sie kennen die Dienstwege zur Schulverwaltung und haben einen Draht zu Gremien der zuständigen Gebietskörperschaft. Nicht wenige sind politisch engagiert und finden auf Grund ihrer Position leichter offene Türen als ein Lehrer. Sie kennen den Redakteur der Regionalzeitung und konferieren regelmäßig mit dem Schulelternbeirat.

198 In den Links 48 a, b „Pfiffige Ideen" zu finden: Der Ausbau eines Dachgeschosses und das Einziehen einer zweiten Ebene.

Die Schulleitung kann im Einvernehmen mit den schulischen Gremien dafür sorgen, dass die Bibliothekslehrerin nicht zu Vertretungsstunden eingeteilt wird oder den Vertretungsunterricht in die Bibliothek legen darf. Sie muss keine Hofaufsicht machen. Sie darf eine Bibliotheks-AG ausschreiben, die auf ihr Stundendeputat angerechnet wird.

- Die **Zusammenarbeit mit einer öffentlichen Bibliothek** sollte zunächst gesucht werden. Es sollte über die Möglichkeit einer regelmäßigen „Blockausleihe“ verhandelt werden. Zu bestimmten Themen können Bücherkisten zusammengestellt werden. Man kann sich die Kosten von Autorenlesungen teilen, wenn sie vormittags in der Schule, nachmittags oder abends in der Stadtbibliothek stattfinden. Oder die öffentliche Bibliothek geht mit einer Lesung in die Schule und wirbt so für sich. Es kann Absprachen bei Anschaffungen geben. Insbesondere bei Kinder- und Jugendliteratur sollte dies geschehen, um Doppelanschaffungen zu vermeiden. Die Bibliothekarin der Stadt- oder Gemeindebibliothek kann in der Schule über neue Bücher informieren und da auch gleich ausleihen.
  Wenn in der Stadtbibliothek oder im Schulverwaltungsamt eine schulbibliothekarische Arbeitsstelle eingerichtet wird und die Bibliothekare bereit sind, ehrenamtlich und nebenamtlich arbeitende Eltern und Lehrer anzuleiten und ihnen bibliotheksfachlichen Service anzubieten, kann man sich glücklich schätzen.

- Beim **Fundraising** kommt es auf originelle Ideen an. Wenn der **Buchhändler** auf dem Weihnachtsbasar eine Verkaufsausstellung macht, werden ein oder zwei der ausgelegten Bücher in der Bibliothek bleiben dürfen. Mit den Geschenktipps, die Schülereltern erhalten, kann er ein Schaufenster in der Buchhandlung dekorieren. **Verlage** sind aufgeschlossen, wenn man nicht bloß Bücher erbettelt, sondern einen Büchertisch zu einem Autor plant.
  Beim „Basteln für die Bibliothek“ zeigen sich **Talente in der Elternschaft**. Puppen oder Batiktücher werden zu Rennern auf dem Weihnachtsbasar. Der Förderverein wird nicht immer nur Medizinbälle oder Tischtennisplatten nachkaufen wollen, sondern stiftet einen Riesenglobus für die Bibliothek oder bezahlt einen Fotokopierer für die Schüler.

Der Schulhefteverkauf kann etwas Geld für kleinere Anschaffungen und Büromaterial ermöglichen. (Vorsichtshalber Rücksprache mit dem Schulleiter und/oder Schulträger halten.)
Bürgermeister, Landräte und Minister verfügen über Reptilienfonds, seien es Lottomittel oder Ausschüttungen der Sparkassen. Bei Gerichten kann nach der Verwendung von Bußgeldern gefragt werden. Eine politische Lösung wäre es, wenn alle Schulleiter einer Gebietskörperschaft geschlossen dafür einträten, dass ein Schulträger auch Zuschüsse für Schulbibliotheken in den Kreishaushalt einstellt, die Haushaltsmittel für Schulen aufstockt oder das in fast jedem Landkreis vorhandene Medienzentrum zum Supportzentrum für die Schulbibliotheken ausbaut. Beispiele gibt es.

- Auch wenn die Schulbibliothek oder Schulbücherei, wie sie im Amtsdeutsch heißt, meist nicht explizit erwähnt wird, partizipiert sie doch am **Schulhaushalt**. Stühle (eine andere Farbe oder Form als im Klassenraum sollte es sein!), Schränke, Vitrinen, EDV-Geräte, Bücher (da gibt es Unterschiede zwischen staatlichen und kommunalen Geldern) und andere Medien können mit Haushaltsmitteln finanziert werden. Eine Person im Bibliotheksteam muss allerdings Haushaltsexperte werden, um zu wissen, was möglich ist. Am besten ist, wenn die Schulbibliothek den Status einer Fachschaft oder eines Fachbereichs erhält. Es sind meist die Leiter der Fachschaften bzw. die Fachbereichsleiter, die über die Verwendung des Schulhaushalts entscheiden. Man muss sich zusammensetzen und verhandeln.

- Den **Lehrerinnen und Lehrern**, die in ihrem bisheriges Berufsleben ohne Schulbibliothek ausgekommen sind, kann man mit Lehrerhandreichungen zu den Klassenlektüren, mit einem Zugang zu Unterrichtsmaterialien auf den Internetseiten von Schulbuchverlagen entgegenkommen. Ein Jahresabonnement ist erschwinglich. Für Vertretungsstunden liegen in der Schulbibliothek Arbeitsblätter bereit, mit denen Lesetechniken trainiert und Fachausdrücke rund um das Buch gelernt werden oder Bibliographieren und das Suchen und Finden im Internet geübt wird.

Diese Anregungen markieren den Trampelpfad zur „Schulbibliothek von unten“ – aber Freude am Tun ist garantiert und man sieht den Erfolg.[199]

Einen anschaulichen Bericht von den Mühen gibt Monika Grosche, im Rahmen einer Arbeitsbeschaffungsmaßnahme befristet Leiterin einer Schulbibliothek in Berlin:

„Die Geschichte ist m. E. in mehrfacher Hinsicht exemplarisch. Und so hat sie angefangen:

Die Schulkonferenz des Gymnasiums beschloss im Dezember 2008, mit Unterstützung der schulbibliothekarischen Arbeitsstelle im Schulverwaltungsamt des Bezirks Treptow-Köpenick sowie einer Maßnahme des zuständigen Jobcenters, eine Schulbibliothek aufzubauen. Sie wurde in zwei übereinander liegenden, mit einer Treppe verbundenen Räumen mit durchgehender Glasfront untergebracht. Der obere Raum mit Trapeztischen und Tafeln ist ein Seminarraum ohne Medien geblieben, was sich aber demnächst ändern soll. Der untere Raum wurde mit Regalen einer aufgelösten Stadtteilbibliothek bestückt; Schüler und Lehrer gingen mit Begeisterung daran, einen Grundbestand an Büchern zusammenzutragen.

Nach Abklingen der anfänglichen Euphorie verfiel die Schulbibliothek in einen Dornröschenschlaf. Als ich sie im Oktober 2010 übernahm, war ihre Existenz völlig in Vergessenheit geraten. Ich traf auf eine misstrauische Schulleitung, ein reserviertes Lehrerkollegium und desinteressierte Schüler. Die wenigen Arbeitsplätze blieben ungenutzt wie die gesamte Bibliothek auch. Ich dachte nur – Hilfe, was jetzt?

Heute ergibt sich ein völlig anderes Bild. Die vielfältigen Anstrengungen, die ich unternahm und die längst nicht alle von Erfolg gekrönt waren, mag ich an dieser Stelle gar nicht aufzählen. Eines habe ich jedenfalls gelernt: Es ist ein riesiger Unterschied zwischen der bloßen Existenz einer Schulbibliothek und ihrem Funktionieren, ihrer Akzeptanz im Schulgefüge. Dieser Schritt gelingt nur durch kontinuierlichen persönlichen Einsatz, dessen Fehlen die Schüler blitzschnell registrieren.

199 Es gibt eine Reihe von nützlichen Handbüchern und Internetseiten; siehe unter Links 58 a, b „Fachliteratur“.

Das Konzept einer erfolgreichen, d.h. gut besuchten und genutzten Schulbibliothek ergibt sich u. a. aus dem Zusammenspiel von zur Verfügung stehenden Räumlichkeiten und Medien, den Vorstellungen und Bedürfnissen der Schule sowie der Bereitschaft des Personals, also in der Regel des sog. „Schulbibliothekshelfers“ (wobei diese Bezeichnung der zu erbringenden Leistung in keiner Weise gerecht wird). Die bitter notwendige Kontinuität lässt sich auch nicht auf 6 Monate 1-Euro-Job, 2 Jahre Arbeitsbeschaffungsmaßnahme, 1 – 2 Jahre Bundesfreiwilligendienst oder enorme Zahlen von Freiwilligenstunden beschränken. Ich möchte nicht falsch verstanden werden, mich begeistert jedes Engagement für Schulbibliotheken, weil ich sie für außerordentlich sinnvoll gerade vor dem Hintergrund unseres sicher nicht perfekten gegenwärtigen Bildungssystems erachte. Allerdings könnte die Anerkennung und Honorierung von „oben“ etwas stetiger und wohlwollender sein, um es vorsichtig zu formulieren. Als besonders herzlos und wenig „nachhaltig“ empfinde ich die Neubesetzung der befristeten Stellen ohne großes Federlesen nach Ablauf der Zeit mit neuen Bibliothekshelfern zu immer schlechteren Bedingungen. Die Stellungnahmen, Rechtfertigungen und Versprechungen von „oben“ hinterlassen bei mir meist nur ein schales Gefühl.

Zurück zum Konzept der Schulbibliothek am Archenhold-Gymnasium. Die Entscheidung fiel in Richtung Ausbau des Präsenzbestandes an unterrichtsbegleitenden Sach- und Fachbüchern und der Hilfestellung zu Referaten, Vorträgen, den Prüfungen in besonderer Form zum MSA sowie der 5. Prüfungskomponente im Abitur. Es ist also in erster Linie eine Lern- und Arbeitsbibliothek entstanden, die Ausleihe kommt an zweiter Stelle. Die Themen reichen vom Goldenen Schnitt in der Mathematik über den Einsatz von Linearmotoren und den Ursachen des Korallensterbens bis hin zum Vergleich zwischen Faust und Urfaust; von der Heilungschance bei einer HIV-Infektion über Transsexualität und Sterbehilfe bis hin zu Pasta-Rezepten, die ins Italienische übertragen werden sollen. Jeder Tag stellt mich vor neue Herausforderungen und das Gefühl, dass der „Schubs“ in Richtung passendes Buch bzw. Internetseite zu einer guten Note führen kann, ist einfach unbezahlbar.

Den Weg würde ich nicht als einfach bezeichnen ...“[200]

---

200 Monika Grosche im Weblog der Arbeitsgemeinschaft der Schulbibliotheken in Berlin und Brandenburg: http://schulbibliotheken-berlin-brandenburg.de/2012/06/die-

Aus dem Archiv: Der preußische Schülerbüchereierlass von 1928[201] (gekürzt)

- Mindestens so viele Bücher wie Schülerinnen und Schüler
- In kleinen Schulen wird ein größerer Bestand nötig sein
- Bestand: Schöngeistige Schriften, Sachlesehefte, Nachschlagebücher, Heimatschrifttum, Bilderbücher
- Vor allem Bücher, die wegen des Preises nicht privat angeschafft werden können
- Nach Möglichkeit gestaffelt
- Der Lehrer muss die vorhandenen Bücher genau kennen
- In allen Unterrichtsfächern muss auf eine enge Verflechtung mit der Bücherei Bedacht genommen werden
- Echtes Vorlesen (nicht nur stückweise von einzelnen und alle lesen still mit), stilles Lesen, zusammenhängendes Berichten
- Empfehlenswert ist eine Büchereistunde
- Ältere Schülerinnen und Schüler können zur Mitarbeit herangezogen werden
- Zusammenarbeit mit der Volksbücherei: Der Katalog sollte in der Schule sein, der Leiter sollte gelegentlich vor den Schülern sprechen, Büchereibesuche, besondere Geschäftsstunden für Schüler, Berücksichtigung von Wünschen der Schule bei der Anschaffung von Büchern
- Der Erlass ist in den Schulkonferenzen zu erörtern

Bericht über die Erfahrungen bei der Durchführung des Erlasses bis zum 31.3.1930 ans Ministerium.

Der Erlass markiert nicht den Beginn des preußischen Schulbibliothekswesens, sondern ist der Schlussstein. Schulbüchereien gab es zu dieser Zeit in jeder preußischen Schule.

---

geschichte-der-schulbibliothek-am-archenhold-gymnasium/ Mit freundlicher Genehmigung der Autorin.

201 Zit. nach: Die Schulbibliothek. Texte zu ihrer Geschichte und Theorie, hrsg. von Klaus Hohlfeld, Bad Honnef 1982, S. 156 ff.

Zur Geschichte des deutschen Schulbibliothekswesens

1764	Schulreformer Johann Bernhard Basedow	fordert Schulbibliotheken
1928	Kultusministerium Preußen	Schülerbüchereien an allen Volksschulen ***Erlass***, der die damals bestehende Situation spiegelt
1961	Deutscher Städtetag	„Die Schulbücherei ist der breite Unterbau des öffentlichen Büchereiwesens" ***Gutachten***
1965	Günter Grass	Wahlkampfkostenerstattung der Parteien für Schulbibliotheken verwenden!
1974	Gewerkschaft Erziehung und Wissenschaft	Grundsatzpapier zur Schulmediothek
1974	Jugendbuchforscher Prof. Dr. Klaus Doderer	Nationale Beratungsstelle für Schulbibliotheken (2002 geschlossen)
1975	Kultusministerium Hessen, Information Gesamtschule, Heft Gesellschaftslehre	„Sinnvoller Unterricht in Gesellschaftslehre ist nur möglich, wenn eine Bibliothek [...] zur Verfügung [steht]"
1979	Kultusministerkonferenz	Grundsätze für die Zusammenarbeit mit öffentlichen Bibliotheken ***Empfehlungen***
1987	Deutscher. Bibliotheksverband	Zur Entwicklung der Schulbibliotheken ***Denkschrift***

1990	Kultusministerium Hessen; LAG Schulbibliotheken Hessen, Expertenkommission	Der Aufbau eines leistungsfähigen Schulbibliothekswesens in Hessen, u. a. eine schulbibliothekarische Arbeitsstelle in jedem Landkreis ***Empfehlung***
1991	SPD/Grüne Hessen	*Schulbibliotheken sollen verstärkt gefördert werden* ***Koalitionsvereinbarung***
1993	Jahresheft „Unterrichtsmedien", Friedrich-Verlag	Umfang des Heftes 150 Seiten; davon Thema Wandtafel: 4 Seiten, Thema Schulbibliothek: 2 Seiten
1995	Kultusministerkonferenz	Zusammenarbeit mit öffentlichen Bibliotheken soll verstärkt gefördert werden ***Empfehlungen***
1995	Kultusministerkonferenz	„Medienpädagogik in der Schule": „Auch den Schulbibliotheken kommt für die Leseerziehung und die Leseförderung weiterhin ein hoher Stellenwert zu." ***Empfehlungen***
2001	Bundesdirektorenkonferenz	Schulbibliotheken sind wichtiger als Medienecken
2005	Wissenschafts-, Kultusministerium Hessen und dbv Hessen	Schulbibliotheken sollen sich zu einem Wissens-, Informations-, Recherche-, Lern- und kulturellen Zentrum der Schule entwickeln ***Vereinbarung***
2009	Modellversuch Hamburg	Wissenschaftliche Begleitung von neun neuen Schulbibliotheken Nach Einrichtung von vier Schulbibliotheken und vor deren Evaluation 2012 abgebrochen

Glossar

Freie Arbeit

Im schulischen Kontext sind damit Phasen gemeint, in denen Schüler eigenverantwortlich und selbstständig frei gewählte Themen bearbeiten. Sie entscheiden, wie und mit wem sie lernen. Die Schüler einer Klasse können also zur selben Zeit an ganz unterschiedlichen Aufgaben arbeiten. Die Lehrer beraten. Auch den erreichten Lernstand kontrollieren die Schüler selbstständig anhand von Lösungsblättern.

Informationskompetenz

Seit den 1970er Jahren benutzter Begriff für die Schulung der Bibliotheksnutzer im Gebrauch bibliothekarischer Kataloge. Inzwischen wird vor allem das Training für eine fachmännische Suche im Internet damit bezeichnet. Bibliothekare und Informationswirte haben Curricula für das Training überfachlicher Kompetenzen ausgearbeitet, die sich auf alle Jahrgänge vom Kindergarten bis zur Universität erstrecken. Erweiterte Konzepte (Guided Inquiry) beziehen auch den Prozess des Verstehens und Präsentierens der gefundenen Quellen ein.

Landesarbeitsgemeinschaft Schulbibliotheken in Hessen e. V. (LAG)

Die LAG entstand 1987 als Selbsthilfeorgan ehrenamtlich geleiteter Schulbibliotheken. Sie hatte einige Anfangserfolge: Die Förderung von Schulbibliotheken fand Eingang in einen Koalitionsvertrag. Eine vom Kultusministerium eingesetzte Arbeitsgruppe entwarf ein Konzept für schulbibliothekarische Arbeitsstellen in jedem Landkreis. (Es wurde aber nicht realisiert.) Dank einer vom Ministerium auf Vorschlag der LAG angekauften Landeslizenz konnten die Schulen kostengünstig die Katalogisierungssoftware LITTERA erwerben und werden von einer ministeriellen Servicestelle betreut. Eine zweijährlich stattfindende Großtagung, der Hessische Schulbibliothekstag, mit jeweils 300-400 Teilnehmer/-innen bietet seit 1987 Fortbildungsseminare. Im Lehrerfortbildungsinstitut gab es bis zu dessen Auflösung einen Arbeitsbereich Schulbibliotheken; für

Lehrer, Bibliothekare und Eltern fanden ca. 30 Wochenlehrgänge statt; als Nachfolge gibt es ein Projektbüro Schulbibliotheken. In einem Sattelschlepper, der als Fortbildungsstudio für Kulturelle Praxis zu den Schulen fuhr, wurde auch zu Fragen des Schulbibliothekswesens, der Leseförderung und des kreativen Schreibens fortgebildet (Nach 15 Jahren eingestellt). In den Kooperationsvertrag zur Zusammenarbeit von öffentlicher Bibliothek und Schule wurden auf Bitte des Kultusministeriums die Schulbibliotheken und die LAG mit einbezogen. Eine weitergehende Verankerung des Schulbibliothekswesens im hessischen Schulgesetz gelang bisher nicht.
URL: www.schulbibliotheken.de

Lernplattform

Eine Software, mit der Unterricht organisiert werden kann. Lehrer und Schüler benutzen einen virtuellen Klassenraum, in dem die Aufgaben gestellt, Hausaufgaben und Referate abgelegt werden. Eine Gruppenarbeit kann koordiniert werden. Schnittstellen zum OPAC der Schulbibliothek sind vorhanden. Auch eine Entlastung des Klassenlehrers von Verwaltungsarbeiten ist dadurch möglich. Eltern können Einblick erhalten.

Angesichts der zunehmenden Auslagerung örtlicher IT-Infrastruktur (Netzwerkrechner, lokal installierte Programme und Datenspeicher) zu einem externen, über Internet erreichbaren Anbieter – Cloud-Computing – stellt sich die Frage nach einer „Schul-Cloud“, die vom Schulträger oder vom Bundesland eingerichtet wird.

Medienkompetenz

Medienkompetenz beinhaltet Fähigkeiten in der kreativen Nutzung von Medien, Kenntnisse der rechtlichen Gegebenheiten bei digitalen Medien und die Fähigkeit zu ihrer kritischen Rezeption. Medienkompetenz ist ein unklarer Begriff. Sie wird häufig mit Informationskompetenz gleichgesetzt oder mit ihr als Begriffspaar verwendet. Gemeint ist dann die Fähigkeit, einen Computer bedienen oder ein Computerprogramm nutzen zu können. Die ältere, wieder an Bedeutung gewinnende Definition ist die Fähigkeit, die Ausdrucksmöglichkeiten audiovisueller Medien verstehen und selbst nutzen zu können, also etwa die Technik der Filmherstellung kennen und Filmsprache analysieren können.

OPAC

Online Public Access Catalogue, öffentlich zugänglicher digitaler Bibliothekskatalog. Um deutlich zu machen, dass der OPAC im World Wide Web zugänglich ist, spricht man auch vom WebOPAC oder iOPAC (Internet-OPAC). Die große Herausforderung für Schulbibliotheken ist, angesichts der Konkurrenz der Suchmaschinen, einen attraktiven, unkomplizierten Katalog zu bieten. Zukünftig wird der OPAC auch auf mobilen Geräten wie Smartphones und Tablets zugänglich sein müssen.

Projektunterricht

Im Projektunterricht wirken Schülerinnen und Schüler bei Themenwahl, Planung und Art der Durchführung mit. Wesentliche Merkmale sind Handlungsorientierung, Lernen im Team, Einbeziehung außerschulischer Orte und Experten, fächerübergreifendes und problemorientiertes Lernen. Projektunterricht findet i.d.R. in Projektwochen (ganze Schule) oder Projekttagen (einzelne Klasse) statt. Manche Schulen sehen im regulären Stundenplan Stunden für projektunterrichtliche Verfahren vor.

Schulbibliothek

oder Schulmediathek ist ein Fachraum der Schule, in dem alle gedruckten und zunehmend auch digitalen Medien zugänglich sind und durch einen OPAC erschlossen werden. Der Raum ist multimedial ausgestattet (Desktop-Computer oder Laptops, Präsentationsmedien, Software) und multifunktional nutzbar (Klassenunterricht, Gruppen- und Einzelunterricht, Platz und Ausstattung für Präsentationen, Veranstaltungen und freie Zeit). Schwerpunktaufgaben sind Leseförderung und Recherchetraining.

In Deutschland liegt es in der Entscheidung der Schulträger, der Städte und Landkreise, ob sie Schulbibliotheken einrichten und Personal einstellen. Die Mehrzahl der Schulbibliotheken in Deutschland ist durch private

Initiativen von Eltern und Lehrern eingerichtet worden und wird auch von ihnen betrieben.

Schulbibliotheksprogramm

Gute Schulbibliotheken haben sich ein Schulbibliotheksprogramm oder Leitbild erarbeitet, das Eingang in das Schulprogramm finden kann. Die Verständigung im Kollegium über Sinn und Zweck, Dienstleistungen und Schwerpunkte der Schulbibliothek dient der besseren Einbettung der Bibliothek in Schule und Unterricht, aber auch der Evaluation, der Überprüfung ihrer Effizienz.

Schulträger

sind i. d. R. die Landkreise und kreisfreien Städte. Für Bau und Unterhalt der Schulgebäude sind sie verantwortlich, ebenso für das nichtpädagogische Personal der Schulen, die Hausmeister und Schulsekretärinnen. Bei Privatschulen sind Vereine, Stiftungen oder die Kirchen Schulträger.

Selbstlernzentrum

sind mit Computern und Software ausgestattete Arbeitsplätze, an denen selbstständig gelernt werden kann. Sie sind an Universitäten und in der Erwachsenenbildung verbreitet, insbesondere beim Sprachenlernen. Es gibt sie zunehmend auch an Schulen, sogar Grundschulen. Sie können bei der Differenzierung des Unterrichts helfen, etwa als Angebot für Hochbegabte, als Unterstützung beim Verstehen und Üben mathematischer Aufgaben. Auch in Selbstlernzentren vollzieht sich Lernen nicht von selbst. Wichtig ist die pädagogische Betreuung der Lernenden. Es gibt Schulen, deren pädagogisches Konzept das Selbstlernen ist. Sie verändern die Unterrichtsformen und haben ein Tutorensystem zur intensiven Betreuung der Schüler eingerichtet. So wollen sie eigenverantwortliches Lernen fördern.

Smartboard

ist eine elektronische Tafel, auch interaktives Whiteboard genannt, die als Projektionsfläche für Internetseiten benutzt wird. Auf ihr kann auch geschrieben und gezeichnet werden, Internetquellen wie Fotos oder Tabellen können eingebunden werden. Das „Tafelbild“ kann ausgedruckt werden.

Für Lehrer gibt es Lehrgänge, in denen sie in der Benutzung geschult werden. Wenn man Umfragen Glauben schenken kann, stehen interaktive Whiteboards bereits in 60% der Schulen.

Teacher-Librarian

oder „school library media specialist“ (Teacher-Librarian, Bibliothekslehrer, Schulbibliothekar) ist in den USA, Kanada, Australien, Neu-Seeland und weiteren Staaten die Berufsbezeichnung für Lehrer, die ein Zusatzstudium für Schulbibliothekswesen absolviert haben. Ihre Schwerpunkte sind Leseförderung und das Training der Informationsrecherche. Sie bauen einen zum Curriculum passenden Medienbestand auf, vermitteln Medienkompetenzen, d. h. Kenntnisse im Umgang mit unterschiedlichen digitalen Geräten (Video, Foto) und Programmen (Wiki, Powerpoint, virtuelle Klassenräume). Oft sind sie auch für die Administration des schulischen Computernetzwerks verantwortlich oder haben dafür Mitarbeiter. Teacher-Librarians sollen gemeinsam mit Fachlehrern Unterricht planen und durchführen.

Mediaquest, auch WebQuest®

(engl. „quest“ = die Suche) ist eine dem Projektunterricht verwandte Methode, die sich vor allem auf Quellen im Internet stützt, aber auch auf Bücher. Die Fundstellen sind vom Lehrer vorgegeben, so dass eine zeitraubende Suche und Bewertung von Internetseiten entfällt.

Mediaquests haben weitere Pluspunkte: Nicht alle Schüler müssen an Computern arbeiten. Es kann sich herausstellen, dass Internetquellen nicht grundsätzlich besser als andere Medien sind.

Die Erfinder Bernie Dodge und Tom March haben sich Ihre Wortschöpfung patentieren lassen, daher die im Buch verwendete Neuschöpfung „Mediaquest“.

Literaturliste

Aufgenommen sind Titel, die für den Gedankengang des vorliegenden Buches wichtig sind oder als vertiefende Lektüre empfohlen werden. Titel, aus denen nur ein Zitat entnommen wurde, sind in den Fußnoten aufgeführt.

Bambach, Heide: Erfundene Geschichten erzählen es richtig. Lesen und Leben in der Schule, Bottighofen 1993

Behnken, Imbke/Messner Rudolf/Rosebrock, Cornelia, Zinnecker, Jürgen: Lesen und Schreiben aus Leidenschaft. Interkulturelle Inszenierungen von Schriftkultur, Weinheim und München 1997

Bergala, Alain [2006]: Kino als Kunst. Filmvermittlung an der Schule und anderswo; Bonn 2006, Lizenzausgabe für die Bundeszentrale f. pol. Bildung

Boelens, Helen: The evolving role of the school library and information centre in education in digital Europe, Diss. 2010: http://eprints.mdx.ac.uk/7329/

Brophy, Jere E./Good, Thomas: Die Lehrer-Schüler-Interaktion, München 1976 (gekürzte deutsche Übersetzung)

Dahrendorf, Malte: Kinder- und Jugendliteratur im bürgerlichen Zeitalter, Königstein 1980

Doderer, Klaus u. a.: Die moderne Schulbibliothek, Frankfurt/M. 1970

Empfehlungen zur Zusammenarbeit von Schule und öffentlicher Bücherei, Deutscher Städtetag 1961

Fritz, Markus/Volgger, Karin: Qualitätsentwicklung in Schulbibliotheken. Ein Überblick über internationale Standards und die Umsetzung in Südtirol. BuB (2010), H. 11/12

Fritz, Markus/Mairhofer, Elisabeth/Patreider, Michael: Lernwelten.net. 3. Aufl. Bozen 2011 (Projektberichte aus dem Pädagogischen Institut 12)

Fühmann, Franz: Die dampfenden Hälse der Pferde im Turm von Babel, Rostock 2005 (1978)

Greef, Elizabeth: Collaboration is the key: Making a difference in our schools through integrative and progressive practice (2007): http://basedow1764.files.wordpress.com/2009/10/greef-elizabeth.pdf

Grell, Jochen und Monika [1983]: Unterrichtsrezepte, Weinheim 2007 (1983)

Gruschka, Andreas [2011]: Verstehen lehren. Ein Plädoyer für guten Unterricht, Stuttgart 2011

Hattie, John [2008]: Visible Learning, A Synthesis of over 800 Meta-Analyses Relating to Achievement, New York 2008; Kurzdarstellung im Weblog „Basedow1764": http://basedow1764.wordpress.com/2012/11/23/hattie-studie-it%C2%B4s-the-teacher-stupid/

Ito, Mizuko u. a. [2010]: Hanging out, messing around, and geeking out. Kids living and learning with new media, MIT Press 2010: http://mitpress.mit.edu/books/full_pdfs/hanging_out.pdf

Kallbach, Konrad: Von der Schulbibliothek zur Schulmediothek - Plan und Wirklichkeit, Materialien Jugendliteratur und Medien, Sonderheft „80 Jahre Konrad Kallbach", hrsg. v. d. AG Jugendliteratur und Medien 1993

Klafki, Wolfgang: Das pädagogische Problem des Elementaren und die Theorie der kategorialen Bildung, Weinheim Vierte, durchgesehene und ergänzte Auflage 1964.

Klemm, Klaus/Rolff, Hans-Günter/Tillmann, Klaus-Jürgen [1985]: Bildung für das Jahr 2000. Bilanz der Reform, Zukunft der Schule, Reinbek 1985

Kliebisch, Udo/Rauh, Gregor: Keine Angst vor Referaten. Ein Lern- und Trainingsbuch, Mülheim 1996

Koechlin, Carol/Zwaan, Sandi: Informationen beschaffen, bewerten, benutzen, Mülheim 1998

Konnertz, Dirk/Sauer, Christiane: Tschüs dann. Die erfolgreichsten Arbeitstechniken fürs Abitur, Wien 1996

Kuhltau, Carol [1993]: Seeking Meaning: A Process Approach to Library and Information Services, Linworth ²2004 (1993)

LAG Report 2013, LAG Schulbibliotheken in Hessen e. V. (Hrsg.), Hofheim/Ts. 2013

Masing, Johannes [2012]: „Wissen und Verstehen". Frankfurter Allgemeine Zeitung, 29.12. 2012, Nr. 303, S. 7

Neumann, Helga [1988]: Die bildungspolitische und pädagogische Aufgabe von Schulbibliotheken, Würzburg 1988

Pennac, Daniel [1992]: Wie ein Roman, Köln 2004 (1992)

Picht, Georg [1964]: Die deutsche Bildungskatastrophe. Analyse und Dokumentation, Freiburg i. Br. 1964

Roth, Heinrich [1968] (Hrsg.): Begabung und Lernen, Gutachten und Studien der Bildungskommission 4, Stuttgart ^{2}1969 (1968)

Schönemann, Bernd / Thünemann, Holger / Zülsdorf-Kersting, Meik: Was können Abiturienten? Zugleich ein Beitrag zur Debatte über Kompetenzen und Standards im Fach Geschichte. Geschichtskultur und historisches Lernen. Bd. 4, Berlin ^{2}2011 (2010)

Schlamp, Günter: Schulbibliotheken – Eine Aufgabe für die Schulleitung!, b:sl (Beruf: Schulleitung), 02/2011, S. 36f.

Schön, Erich: Leseerfahrungen in Kindheit und Jugend. In Sachen Lesekultur, hrsg. vom Bundesminister für Bildung u. Wissenschaft, Bonn 1991

Die Schulbibliothek. Texte zu ihrer Geschichte und Theorie, hrsg. v. Klaus Hohlfeld, Bad Honnef 1982

Schwerdt, Guido [2011] und Amelie C. Wüppermann: Is traditional teaching really all that bad? A within-student between-subject approach, http://www.hks.harvard.edu/pepg/PDF/Papers/PEPG10-15_Schwerdt_Wuppermann.pdf

Spitzer, Manfred: Im Netz. Frankfurter Allgemeine Zeitung v. 22.10. 2010: http://de.scribd.com/doc/37927434/FAZ-Im-Netz ; nach Abschluss des Manuskripts neu: Digitale Demenz, München 2012

Steatfield, David/Markless, Sharon: Invisible Learning? The Contribution of School Libraries to Teaching and Learning, London: Information Management Assoc. 1994, British Library and Information Research Report 98

Stoll, Clifford: Hightech Heretic. Why Computers Don´t Belong in the Classroom, New York 1999

Sturm, Hertha / Holzheuer, Katharina / Helmreich, Reinhard: Emotionale Wirkungen des Fernsehens. Jugendliche als Rezipienten, München und New York 1978

Todd, Ross: Knowledge building, in: Informieren statt kopieren. Wege zur Informationskompetenz (Tagungsbericht), Bundesministerium für Bildung, Wissenschaft und Kunst, 2. Aufl. Wien 2009 (Arbeitshefte zur multimedialen Schulbibliothek 3)

Todd, Ross: The ABCDE of Teacher-School Librarian Collaboration: Advances, Barriers, Challenges, Directions, Enablers, Konferenz-Vortrag, 2007: http://www.ilile.org/events/SpringSymposium/handouts/Ross_Todd/Ross_Todd_May_2007.ppt

Verständlich informieren und schreiben. Trainingsprogramm Deutsch, von Friedemann Schulz von Thun u. a., Freiburg, Basel und Wien 71987 (1975)

Voigt, Gabriele [o. J.]: Grundlagentext zur Kulturellen Bildung, online: http://kultur.bildung.hessen.de/kulturelle_praxis/Kuprax_grundlagentext/Konzept-kuprax.html

Volgger, Karin: Entwicklung von Qualitätsstandards für Südtiroler Schulbibliotheken. Bachelorarbeit an der Hochschule der Medien, Stuttgart 2009

Walberg, Hanne: Film-Bildung im Zeichen des Fremden. Ein bildungstheoretischer Beitrag zur Filmpädagogik, Bielefeld, 2011

Wegener, Claudia/Wiedemann, Dieter (Hrsg.): Kinder, Kunst und Kino. Grundlagen der Filmbildung aus der Filmpraxis, München 2009

Wilder, Stanley: Information Literacy Makes All the Wrong Assumptions, Chronicle of Higher Education, Januar 2005: http://chronicle.com/article/Information-Literacy-Makes-/21377/ (kostenpflichtiges Archiv)

Wolf, Maryanne [2009]: Das lesende Gehirn. Wie der Mensch zum Lesen kam und was es in unseren Köpfen bewirkt, Heidelberg 2009

Wolf, Sabine / Schuldt, Karsten: Praxisbuch Schulbibliotheken, Schwalbach a. Ts. 2011:
http://basedow1764.wordpress.com/2011/06/27/wolfschuldt-praxisbuch-schulbibliotheken/

Links

Die Liste steht im Internet unter:
www.bibspider.de/schulbibliothek-im-zentrum

Man kann beim „Surfen" über die 94 Links Entdeckungen machen. Auf die meisten, aber nicht auf alle Links wird im Text verwiesen.

Alle URLs in diesem Buch wurden zuletzt am 7.1.2013 aufgerufen.

Links zu den Kapiteln II – V:

01 Boelens, Helen: The evolving role of the school library and information centre in education in digital Europe (Diss.):

http://eprints.mdx.ac.uk/7329/1/BoelensThesis-Final_2010.pdf

02 Carr, Nicolas: Macht Google dumm?

http://basedow1764.wordpress.com/2008/07/14/verandert-sich-unser-gehirn-durch-google-und-co/

03 Digitalisierung der Schule: Was bringt es?

http://larrycuban.wordpress.com/2012/03/10/answering-the-big-question-on-new-technology-in-schools-does-it-work-part-1/
(in Englisch)

04 Döbeli, Beat

(a) Computer und Schule http://beat.doebe.li/bibliothek/g00002.html

(b) Apple und die Schulbücher der Zukunft http://wiki.doebe.li/Beat/ApplesVorstellungVonDerZukunftDesSchulbuchs

05 Frankreich: Die Centres de documentation et d´information

http://www.cndp.fr/savoirscdi/societe-de-linformation/international/regard-sur-leurope/schulbibliotheken-und-dokumentalisten-der-sekundarstufe-in-frankreich.html

06 IFLA/UNESCO-Richtlinien für Schulbibliotheken

http://archive.ifla.org/VII/s11/pubs/SchoolLibraryGuidelines-de.pdf

07 Informatikunterricht soll Computerführerschein ersetzen (in Englisch)

http://www.bbc.co.uk/news/education-16493929

08 Kooperationsvereinbarungen des Deutschen Bibliotheksverbandes mit Landesregierungen über die Zusammenarbeit von Bibliothek und Schule

http://www.bibliotheksverband.de/dbv/vereinbarungen-und-vertraege/bibliothekschule-kooperationsvereinbarungen.html

09 Lehrerverband fordert Schulbibliotheken

http://www.lehrerverband.de/Welttag_Buch.html

10 Lernen und Bewegung

http://www.dslv-rp.de/pdf/prs_lernen_bewegung.pdf

11 PISA-Lesekompetenz

http://www.lesen-in-deutschland.de/html/content.php?object=journal&lid=568

12 Schulbibliothekarische Arbeitsstelle der Stadtbibliothek Frankfurt/Main

http://www.frankfurt.de/sixcms/detail.php?id=2962&_ffmpar[_id_inhalt]=102288

13 Schulbibliotheksforschung:

(a) Liste von Wirksamkeitsstudien 1999-2012
http://www.sldirectory.com/libsf/resf/statistics.html

(b) Ohio-Studie
http://www.scholastic.com/content/collateral_resources/pdf/s/slw3_2008.pdf

(c) New Jersey-Studie 2011
http://www.njasl.info/cissl-study/

14 Schulbibliotheken in Bibliotheksgesetzen

http://basedow1764.wordpress.com/2010/10/10/wie-man-schulbibliotheken-abschafft-bibliotheksgesetz-sachsen-anhalt/

15 Selbstlernzentrum für Hochbegabte und Schnelllerner in einer Grundschule

http://www.ggshackenberg.net/index.php?option=com_content&view=article&id=141:praesentation&catid=75&Itemid=111

16 Selbstständige Schule

http://www.kultusministerium.hessen.de/irj/HKM_Internet?rid=HKM_15/HKM_Internet/nav/52e/52e07f78-a645-901b-e592-697ccf4e69f2,51c10555-c858-3531-79cd-aae2389e4818,,,11111111-2222-3333-4444-100000005004%26_ic_uCon_zentral=51c10555-c858-3531-79cd-aae2389e4818%26overview=true.htm&uid=52e07f78-a645-901b-e592-697ccf4e69f2

17 Smartboard:
http://basedow1764.wordpress.com/2009/04/03/zur-einrichtung-von-schulbibliotheken-15-interaktive-whiteboards/

18 Zusammenarbeit öffentliche Bibliothek und Schule

(a) http://basedow1764.wordpress.com/2010/11/01/kooperation-von-schulbibliothek-und-offentlicher-bibliothek-stillstand-seit-60-jahren/

(b) http://bildungundgutesleben.wordpress.com/2011/03/15/schulbibliotheksprojekt-in-weinheimbergstrase-1981-84-zur-geschichte-der-schulbibliotheken-iii/

Links zu:
Bücher, digitale Medien, Recherchetraining

19 Augmented Reality

http://www.zbw-mediatalk.eu/2011/03/augmented-reality-vier-anwendungsbeispiele-fur-bibliotheken/

20 Digitale Schultasche der Steinwaldschule in Neukirchen/Hessen

http://mediathek.steinwaldschule.eu/index.php?id=49

21 Guided inquiry

http://basedow1764.wordpress.com/2008/08/06/die-padagogische-wende-in-der-information-literacy/

22 Der iOPAC des Dietrich-Bonhoeffer-Gymnasiums in Schweich

http://schweich.iopac.de

23 Links zu Mediaquests/Webquests®

(a) http://webquestwebquest.wordpress.com/einfuhrung/

(b) http://lehrerfortbildung-bw.de/faecher/gk/gym/nm/ib/webquest/wqallgemein/index.html

(c) http://www.webquests.de/materialien/beispiel.html

(d) http://mauswiesel.bildung.hessen.de/wissen/portal/webquest_mausiesel/index.html (Grundschule)

24 Vermittlung von Informationskompetenzen in Gill St. Bernards

http://www.schoollibraryjournal.com/article/CA6296526.html
(Englischer Originaltext)

25 Wie verändern Computer und Internet Lesen und Lernen?

http://www.usatoday.com/news/education/2010-08-10-ebooklearning10_CV_N.htm

Links zu:
Kulturelle Praxis

26 Antolin

http://www.antolin.de

27 Book Trailer. Schüler/-innen empfehlen mit Videoclips Bücher

http://storytubes.info/drupal/node/70
(in Englisch; sehenswert, auch wenn man nicht jedes Wort verstehen sollte.)

28 Brain Hive

http://betakit.com/2012/06/04/brain-hive-debuts-on-demand-digital-library-for-schools

29 Drop Everything and Read

http://heartoftheschool.edublogs.org/what-we-do/reading-and-literacy/dear-drop-everything-and-read/ (in Englisch)

30 EBL, E-Book Library

http://www.schweitzer-online.de/info/EBL-Ebook-Library/

31 Gemeinsame Plattform der Schulbuchverleger

http://basedow1764.wordpress.com/2012/11/08/gemeinsame-plattform-deutscher-schulbuchverlage/

32 Gotta keep reading. Ein Flashmob mit Büchern

http://basedow1764.wordpress.com/2010/02/20/gotta-keep-reading-aktionen-der-lesefoerderung/

33 Leseförderung in Groß-Britannien

http://archive.teachfind.com/ttv/www.teachers.tv/videos/ks3-reading-seven-great-ideas.html

34 Onilo

http://www.onilo.de/ueberonilo/was-ist-onilo/

35 Rosebrock, Cornelia, Förderung der Leseflüssigkeit

http://www.uni-frankfurt.de/fb/fb10/IDLD/ddl/Lehrstuhl_Rosebrock/rosebrock_forschung/2006_projekt_fluency/fluency_dgls_text.html

36 StarWalkKidsMedia (ähnlich wie Brain Hive)

http://logintoread.com/index.php

37 „wortreich“- Museum Bad Hersfeld

http://www.wortreich-badhersfeld.de

38 Youmedia:

(a) Konzept
http://youmediachicago.org/10-philosophy/pages/56-philosophy

(b) YOULit-Magazin
http://issuu.com/youmediachicago/docs/youlit_issue_1

(c) Rap http://vimeo.com/30502061

Links zu: Attraktive Lernorte

39 Architekten redesignen New Yorker Schulbibliotheken

http://basedow1764.wordpress.com/2008/09/18/zur-einrichtung-von-schulbibliotheken-11-architekten-redesignen-new-yorker-schulbibliotheken/

40 Bildband zur Renovierung New Yorker Grundschulbibliotheken

http://www.amazon.com/Library-Book-Design-Collaborations-Schools/dp/156898832X/rcf–sr_1_1?ie=UTF8&s=books&qid=1301618896&sr=1-1

41 Cushing Academy: Homepage der Bibliothek

http://fwlibrary.cushing.org/

42 Fraktale Schule

http://www.fraktale-schule.de/konzept.html Siehe auch Link 46(r)!

43 Grundschule Welsberg

(a) Projekt auf der Homepage des Architekten Klaus Hellweger: http://www.hellweger.cc/de/tour/151.html

(b) Foto aus Welsberg: http://www.lernraeume-aktuell.de/einrichtungen/gs-welsberg/lernlandschaft.html

44 iCommons in Bombay

http://doug-johnson.squarespace.com/blue-skunk-blog/2012/11/6/icommons-the-future-of-school-libraries.html

45 „Learning commons"

(a) Chelmsford, Boston: Der Bericht der Schulbibliothekarin Valeri Diggs (in Englisch) http://maschoolibraries.org/content/view/609/294/

(b) Öresund-Gymnasium, Kopenhagen http://www.allankjaer.dk/learningschool_lithuania_1.ppt.htm und http://vimeo.com/4690280

(c) Rolex Learning Center, Lausanne: http://www.swissinfo.ch/ger/wissen_und_technik/Die_futuristische_Bibliothek_auf_dem_ETH-Campus.html?cid=8345296&rss=true und http://rolexlearningcenter.epfl.ch/

(d) Twickenham Academy, London:

http://www.youtube.com/watch?v=Mql9E-7KG2I&feature

46 Zukunftsfähige Schulbibliotheken. Weitere Gestaltungs- und Einrichtungsideen

(a) Aarhus, Dänemark: Youtube-Video
http://www.youtube.com/watch?v=Fu7XciJi6xY&lr=1

(b) Aarhus: Interactive Children's Library
http://www.interactivearchitecture.org/interactive-childrens-library-interactive-spaces.html

(c) Bergen School Library, Norwegen:
http://www.designshare.com/index.php/projects/ps1-bergen-library/images@556

(d) Chugach Optional Elementary School, USA:
http://www.designshare.com/index.php/projects/chugach-optional-elementary/images@3774

(e) Thomas Wells Elementary School, Kanada:
http://www.designshare.com/index.php/projects/thomas-wells-elementary/images@3736

(f) Willowbank Primary School:
http://www.designshare.com/index.php/projects/willowbank-primary/images@3137

(g) Zhangde Primary School, China:
http://www.designshare.com/index.php/projects/zhangde-primary/images@542_

(h) Planning School Libraries:
http://designinglibraries.org.uk/index.asp?PageID=89

(i) Designing Libraries: The Gateway to Better Library Design
http://www.designinglibraries.org.uk/

(j) Designing Better Libraries
http://dbl.lishost.org/blog/

(k) Mehr Schulbaukultur! Basedow1764's Weblog
https://basedow1764.wordpress.com/2010/01/27/mehr-schulbaukultur/

(l) Bibliotheksarchitektur zwischen Antike und digitalem Zeitalter

http://www.architonic.com/de/ntsht/tempel-des-wissens-bibliotheksarchitektur-zwischen-antike-und-digitalem-zeitalter/7000523

(m) CABE_Being involved in school design: a guide
http://webarchive.nationalarchives.gov.uk/20110118095356/http:/www.cabe.org.uk/publications/being-involved-in-school-design

(n) CABE_Value_of_Good_Design.pdf -Seite 4
http://www.gsa.gov/graphics/pbs/CABE_Value_of_Good_Design.pdf

(o) Divine Design: How to create the 21st-century school library of your dreams
http://www.schoollibraryjournal.com/slj/home/889642-312/divine_design_how_to_create.html.csp

(p) Lesetipp: The Language of School Design
http://www.amazon.com/Language-School-Design-Patterns-Century/dp/0976267004/ref=sr_1_1?s=books&ie=UTF8&qid=1301619025&sr=1-1

(q) Core – Library Design & Architecture (Diaschau)
http://core.library.drake.edu/2012/04/18/library-design-architecture-2012-slideshow/

(r) Der Raum als dritter Pädagoge. Fraktale Schularchitektur (pdf):
http://www.hessen.ganztaegig-lernen.de/sites/default/files/Der_Raum_als_dritter_Pdagoge.pdf

(s) 21st Century Schools: Broschüre (pdf)
http://schulbibliothek.wikispaces.com/file/view/21st%20century%20lernumgebung.pdf

47 Nice to read you. Sehr kreative Entwürfe für Schulbibliotheken

http://fhdd.opus.hbz-nrw.de/volltexte/2007/331/ (3 mb, pdf)

48 Pfiffige Ideen

(a) Einbau eines „Obergeschosses“ in einer Grundschulbibliothek:
http://www.lernraeume-aktuell.de/einrichtungsname/kinderschule/leseoase.html

(b) Ausbau eines Dachgeschosses:
http://www.lernraeume-aktuell.de/einrichtungen/gs-herringhausen/bibliothek.html

Links zu: Schulbibliothekare, Schulbibliotheken und Schulqualität

49 Arbeitsplatzbeschreibung St. Ignatius College

http://heyjude.files.wordpress.com/2010/09/head_of_digital_learning_and_information_services.pdf

50 Eine britische Schulbibliothekarin des Jahres: Ingrid Hopson

http://sla.org.uk/slya-citation-ingrid-hopson.php

51 Jahresbericht einer US-amerikanischen Schulbibliothek (in Englisch)

https://basedow1764.wordpress.com/2011/04/27/der-jahresbericht-einer-schulbibliothek/

52 Lesende Schule und der Anteil der Schulbibliothekarin:
Werneth School in Stockport/UK

http://www.tes.co.uk/teaching-resource/KS3-Reading-Seven-Great-Ideas-6047063/

53 Die Schulbibliothek der Amesbury-Grundschule in Groß-Britannien

http://www.youtube.com/watch?v=WANp0OnE5fU

Links zum Kapitel X. Fazit und zum Anhang

54 Migrantenkinder: Was eine Grundschulbibliothek leistet http://basedow1764.wordpress.com/2008/08/05/was-eine-grundschulbibliothek-leisten-kann/

55 Wie man in Deutschland „in der Regel“ zu Schulbibliotheken kommt

(a) http://schulbibliotheken-berlin-brandenburg.de/2012/05/schulbibliotheken-im-aufwind/

(b) http://taelerschule.wordpress.com/2012/04/13/endspurt-war-zu-optimistisch/

56 Schulbibliotheken im Internet
Es gibt weitaus mehr sehenswerte Seiten. Ich nenne nur einige wenige aus meinem Umfeld:

(a) Weidig-Gymnasium Butzbach:
http://weidigschule.de/biblio/biblioth.htm

(b) Steinwaldschule Neukirchen:
http://www.mediathek.steinwaldschule.eu/

(c) Lenauschule Berlin:
http://www.lenau.net/buecherei/buecherei.php

57 Schulbibliotheken des Jahres

(a) In Berlin
https://basedow1764.wordpress.com/2011/06/18/sieger-im-berliner-wettbewerb-um-die-schulbibliothek-des-jahres/

(b) In Hessen
https://basedow1764.wordpress.com/2011/03/16/hessische-schulbibliothek-des-jahres-2011-die-schatze-werden-gehoben/

58 Fachliteratur für Schulbibliotheken

(a) Stichwort „Fachliteratur“ im Schulbibliotheks-Wiki:
http://schulbibliothek.wikispaces.com/Fachliteratur

(b) Praxisbuch Schulbibliotheken:
http://www.wochenschau-verlag.info/scripts/deep.php4?typ=isbn&wert=978-3-89974627-3

Zu den Autoren

Hans Günther Brée ist Oberstudienrat a. D. und leitete den Gymnasialzweig einer Gesamtschule. Er gründete eine der ersten Schulbibliotheken Hessens, die Mediothek der Johann-Textor-Schule in Haiger, und war im Geschäftsbereich des Hessischen Kultusministeriums Leiter des Projektbüros „Leseförderung, Schulbibliotheken und Medienerziehung". Er ist Vorsitzender der Landesarbeitsgemeinschaft Schulbibliotheken in Hessen e. V. Zu den Themen Schulbibliotheken und Filmvermittlung publiziert er und leitet Fortbildungsveranstaltungen.
Kontakt: gb@schulbibliotheken.de

Susanne Drauz ist Juristin aus und mit Leidenschaft. Sie arbeitet gegen Bezahlung bei der Fleischmann Software Vertriebs GmbH und ehrenamtlich in der Schulmediothek des Dietrich-Bonhoeffer-Gymnasiums in Schweich bei Trier. Sie mag Bücher, Suchen, den örtlichen Buchhandel und Herausforderungen – und ganz besonders die Herausforderung an der Schnittstelle von Lesern, Bibliotheken und Verlagen zu agieren. Und als bekennender Schwäbin ist ihr dabei Zeit- und Kostenersparnis ein wichtiges Kriterium.
Kontakt: sdrauz@fleischmann.org

Dr. Markus Fritz ist stv. Direktor des Amtes für Bibliotheken und Lesen der Autonomen Provinz Bozen Südtirol und u. a. zuständig für Schulbibliotheken mit folgenden Schwerpunkten: Beratung, Unterstützung und Entwicklung der Schulbibliotheken, Verwaltung des Schulbibliotheksgesetzes, Entwicklung und Durchführung der Qualitätssicherung in Schulbibliotheken. Er leitet die schulbibliothekarischen Weiterbildungslehrgänge für Lehrer/-innen und hält Fortbildungen und Workshops zu verschiedenen Themen rund um die Schulbibliothek mit dem Schwerpunkt „Lernkompetenz in der Schulbibliothek fördern".
Kontakt: markus.fritz@provinz.bz.it

Buffy J. Hamilton hat Unterrichtstechnologie und Schulbibliothekswesen studiert. Sie war Englisch-Lehrerin und ist Teacher-Librarian in einer amerikanischen High School. Über die Arbeit in dem von ihr maßgeblich

gestalteten Medienzentrum dieser Schule berichtet sie in Vorträgen und in ihrem Blog „The Unquiet Librarian". Sie wurde mehrfach für ihre Unterrichtsideen und ihre programmatische Arbeit ausgezeichnet. Die Bundesvereinigung der amerikanischen School Boards zählt sie zu den 20 wichtigsten Medienpädagogen.
Kontakt: buffy.hamilton@cherokee.k12.ga.us

Eric Oatman ist Mitherausgeber und Redakteur beim US-amerikanischen School Library Journal (SLJ). Es ist eines der wichtigsten Rezensionsblätter für Kinder- und Jugendliteratur.
Kontakt über : http://www.schoollibraryjournal.com/

Dr. Jürgen Plieninger ist Bibliothekar aus und mit Leidenschaft und daneben promovierter Soziologe. Er arbeitet in der Bibliothek des Instituts für Politikwissenschaft Tübingen und ehrenamtlich beim BIB in der OPL-Kommission und der Webredaktion sowie im Beirat der ASpB, einem Zusammenschluss von Spezialbibliotheken im deutschsprachigen Raum. Außerdem schreibt er in etlichen bibliothekarischen Weblogs mit, implementiert gerne Bibliothek 2.0-Instrumente und interessiert sich für Bibliotheksmanagement, Recherchieren und wissenschaftliches Arbeiten. Er gibt Workshops zwischen Bozen und Köln, ist Verfasser der BuB-Kolumne „Blickpunkt Internet" und vieler „Checklisten" für die Bibliotheksarbeit.
Kontakt: juergen.plieninger@uni-tuebingen.de

Günter K. Schlamp ist Schulleiter i. R. Seit seiner Ruhestandsversetzung lebt er in Brandenburg und hat dort die Arbeitsgemeinschaft der Schulbibliotheken in Berlin und Brandenburg ins Leben gerufen. (Mehr über seinen biographischen Hintergrund steht am Buchanfang.)
Kontakt: gs@schulbibliotheken.de